THE SIMPLE WAY TO LEARN CHINESE

2

LEI XIANGJIAN

All rights reserved.

Copyright © 2018 by Lei Xiangjian

No part of this book may be reproduced or transmitted in any form or by any means, electronic or mechanical, including photocopying, recording, or by any information storage and retrieval system, without permission in writing from the publisher.

BC
BAD CREATIV3

This edition contains the complete text

of the original hardcover edition.

NOT ONE WORD HAS BEEN OMITTED.

THE SIMPLEST WAY TO LEARN CHINESE 2

A Bad Creative Book / published by

arrangement with the author

BAD CREATIVE PUBLISHING HISTORY

The Simplest Way To Learn French published March 2016

The Simplest Way To Learn Spanish, published March 2017

UPCOMING WORKS

The Simplest Way To Learn Italian 2, 2019

ISBN: 9781091578173

For updates on the next book, please follow us on www.facebook.com/BadCreativ3

SOCIAL #TheSimplestWay #LearnChinese2 #BadCreativ3

CONTENTS

CHAPTER 1 - VERBS - INFINITIVE

VERBS - PLURAL PERFECT

VERBS - GERUND / FUTURE

VERBS - PRESENT SUBJUNCTIVE

VERBS - CONDITIONAL

VERBS – PAST CONDITIONAL

VERBS - PAST SUBJUNCTIVE

CHAPTER 2 - PASSIVE VOICES

CHAPTER 3 - PREPOSITIONS

CHAPTER 4 - ABSTRACTS

CHAPTER 5 - NATURE

CHAPTER 6 - MATERIALS

CHAPTER 7 - THE ARTS

CHAPTER 8 - MEASURES

CHAPTER 9 - MEDICAL

CHAPTER 10 - POLITICS

CHAPTER 11 - EDUCATION

CHAPTER 12 - IMPERATIVES

CHAPTER 13 - SCIENCE

CHAPTER 14 - TRANSPORT

CHAPTER 15 - ECONOMICS

CHAPTER 16 - SPORTS

CHAPTER 17 - SPIRITUALITY

CHAPTER 18 - FLIRTING

CHAPTER 19 - IDIOMS

FOREWORD

In book one, we established the idea that language is an essential aspect of the human condition and provided you with the basics for learning some conversational Chinese. In book two, we expand upon this by introducing you to other aspects of grammar which may not have been previously covered.

Like its predecessor, this book contains a lexicon of some of the most used words in everyday Chinese conversation. It makes use of the age-old learning techniques of repetition and rote memorization, to condition the brain for learning Chinese as quickly as possible. In addition, an auxiliary feature called story mode has been included to aid the reader in a test for comprehension.

Finally, it should be noted that while this book will aid in a visual recognition and comprehension of words in the Chinese language, students must also understand their proper pronunciations. To help with this, an accompanying audiobook will be made available, to enable listening lessons.

And so, from the beautiful city of Beijing, the city of love and all things fashionable, we present to you, The Simple Way To Learn Chinese 2.

HOW TO USE THIS BOOK

1. This line is the training line (or T-Line if you prefer)

TRAINING TIME

   It represents the end of a set of 25 words to memorize, or the end of a story.
2. You are required to cover the right side of the book & attempt to translate the left side, off hand.
3. Each correct translation carries 1 point. Words after the T-line but not up to 25, are considered as bonuses.
4. Do not proceed to the next batch until you have scored twenty-five points
5. The story modes are designed to help you understand the usage of the words in sentences, so be sure to score high on the training, to fully comprehend the stories.

Now that you know the rules,

Let us begin.

Chapter 1

VERBS - INFINITIVE

Keywords: Yùcè, tuīdòng, zhīdào, jiànlì, bìmiǎn, pànduàn, jìnrù, jiǎnshǎo.

Tā xǐhuān jiànzào dōngxī	He likes to build things
Hěn nán yùcè	It is difficult to predict
Wǒ yào zǔzhǐ zhè yīdiǎn	I am going to prevent that
Zuì hǎo bì kāi nàgè qūyù	It is better to avoid that zone
Tā xiǎngjiàn wǒ	She wants to meet me
Xièxiè nǐ bùyào tuī	Thanks for not pushing
Nǐ kěyǐ kàn dào wǒ gǎnjué hěn zāogāo	I feel bad as you can see
Tōngcháng, yǒu yīxiē wéixiǎn de dòngzuò yào bìmiǎn	Often, there were dangerous movements to avoid
Tāmen zhòngzhí shuǐguǒ hé shūcài	They grow fruit and vegetables
Yīgè yuè hòu, wǒ kěyǐ guānchá dào zhēnzhèng de jìnzhǎn	After one month, I could observe real progress
Wǒ xǐhuān jìhuà yòngcān	I like to plan meals
Wǒ méi shíjiān jiàn nǐ	I do not have time to meet you
Fàn hòu yào bìmiǎn	To be avoided after meals
Wǒ bùnéng dòngle	I cannot move anymore
Nǐ kěyǐ shūrù	You can enter
Nǐ bùnéng chūqù	You cannot go out

Wǒ bìxū jì chū xìnjiàn	I have to send out letters
Wǒ yào jiějué zhège wèntí	I am going to resolve the problem
Zhè hěn nán jiǎnshǎo	This is hard to decrease
Tā shì shéi píngpàn wǒ?	Who is he to judge me?
Tā dǎsuàn yòng píngguǒ tián mǎn tā de màozi	She is going to fill her hat with apples
Tā kuàiyào chūqùle	She was about to go out
Wǒ kěyǐ jìnlái ma?	May I come in?
Bù, wǒmen jiāng jiějué zhège wèntí	No, we are going to resolve this
Nǐ bùnéng dòng	You cannot move

TRAINING TIME

Wǒ yǒu yīgè xiǎo xīzhuāng hé lái tiánbǔ	I have a small suit case to fill
Nǐ kěyǐ shūrù	You can enter
Xiànzài pànduàn hái wéi shíshàng zǎo	It is still too soon to judge
Tā yào bǎohù tā de zhàngfū	She is going to protect her husband
Wǒ xǐhuān yùndòng	I like to exercise
Nǐ bìxū juédìng	You have to decide
Wǒ zài yě shòu bùliǎole	I cannot stand it anymore
Nányǐ jùjué	Hard to refuse
Tā méiyǒu gěi wǒ shíjiān sīkǎo	She did not give me time to think
Wǒ bìxū tíqián wǔ fēnzhōng	I have to set my watch ahead by five minutes
Gēnghuàn jìngzi xūyào duō cháng shíjiān?	How much time to replace the mirror?
Wǒ yǒu yīgè xiǎo xīzhuāng hé lái tiánbǔ	

Wǒ Jīntiān wúfǎ juédìng	I cannot decide today
Tā yào bǎohù tā de bǎobǎo	She is going to protect her baby
Wǒ bùxiǎng rěnshòu nà zhǒng zàoyīn	I do not want to put up with that noise
Hěn nán miáoshù	It is hard to describe
Tāmen dǎsuàn guānshàng chuānghù	They are going to close the window
Nǐ kěyǐ zhàn qǐlái	You can get up
Xūyào yànzhèng cǐ wénjiàn	This file needs to be verified
Tā hěn róngyì zǔzhī	It will be easy to organize
Wǒ yào jiǎnchá yīxià	I am going to check that
Tāmen yào guānbì cāntīng	They are going to close the restaurant
Zǔzhī qǐlái bìng bù róngyì	That is not going to be easy to organize

TRAINING TIME

Wǒ wúfǎ miáoshù zhè zhǎn dēng	I cannot describe this lamp
Nǐ dǎsuàn dǎpò chuānghù	You are going to break the window
Nǐ yào jiǎnchá zhè liàng chē	You are going to inspect this car
Wǒ bùxiǎng fàngqì	I do not want to give up
Wǒ xiǎng gàosù nǐ yīqiè	I want to tell you everything
Wǒ rènwéi tā huì chénggōng	I think he is going to succeed
Nǐ bìxū yǐnyòng zhè wèi zuòzhě	You have to cite this author
Tāmen jiāng zhīchí nǐ de nǔlì	They are going to support your efforts

Yǔ tā jiāotán háo wú yòngchù	It is useless to talk with her
Tā xǐhuān jiǎng yǒuqù de gùshì	He likes to tell funny stories
Tā de érzi kěndìng huì chénggōng	Her son is sure to succeed

TRAINING TIME

Qǐdòng qìchē	To start the car
Tā xiǎng huā duōshǎo qián?	How much does he want to spend?
Tāmen xiǎng shōuyǎng yīgè háizi	They want to adopt a baby
Rúguǒ nín yù dào wèntí, kěyǐ yǔ wǒ liánxì	You can contact me if you have a problem
Wǒ bù xǐhuān yòng shǒujī	I do not like to use the phone
Wǒ xiǎng shǎo huā qián	I want to spend less
Méiyǒu gàosù rènhé rén?	Without telling anyone?
Wǒ xǐhuān liú gǒu	I like to walk my dog
Tāmen kěyǐ fǎnhuí fàguó	They can return to France
Wǒ méiyǒu shé me kěyǐ cáng de	I have nothing to hide
Wǒ kěyǐ jiēshòu zhè liàng chēle	I can accept the car
Nǐ jiāng bǎ dàngāo fēnchéng sì fèn	You will divide the cake into four
Wǒ bùnéng jiēshòu zhè xiàng gōngzuò	I cannot accept this work
Wǒ yào jǐnggào nǐ de fùqīn	I am going to warn your father
Wǒ xǐhuān duǒ qǐlái	I like to hide
Nǐ xiànzài kěyǐ zhuǎnshēn	You can turn around now
Wǒ yào hé nǐ fēnxiǎng zhège shíkè	I am coming to share this moment with you
Tā huì jiēshòu	She is going to accept

Tā yào wèi tā de zhàngfū biànhù	She is going to defend her husband
Nǐ huì jìxù chī	You will continue eating
Tā hěn kuài jiù huì kāishǐ	He is going to start soon
Wǒ kěyǐ jiè gěi nǐ wǒ de chē	I can lend you my car
Yīgè xiǎo jīqìrén lái zhěngjiù tāmen	A little robot comes to save them
Wǒ xiǎng jiè zhè běn shū	I want to borrow this book
Nà kě yǐ cóng xiànzài kāishǐ	That can start now

TRAINING TIME

Wǒmen bìxū jìxù!	We have to continue!
Wǒ lái jiù nǐ de māo	I am coming to save your cat
Wǒmen xiǎng bǎohù dòngwù	We want to protect the animals
Nǐ kěyǐ bǎ bǐ jiè gěi wǒ ma?	Can you lend me your pen?
Wǒ xiǎng wǒ yǐjīng dúguòle	I think I have read that
Wǒmen xiǎng bǎohù dòngwù	I have to come back before midnight
Wǒ bù quèdìng wǒ shìfǒu xǐhuān tā de zhǔyì	I am not sure I liked his idea
Nǐ rènwéi nǐ jíshí wánchéngle ma?	Do you think you have finished in time?
Tā sìhū wánchéngle tā de gōngzuò	He seems to have finished his work
Wǒ mǔqīn shuō tā xǐhuān tā de lǐwù	My mother said she liked her present
Tā bùnéng dú zhè běn shū	He cannot have read this book
Tāmen shuō tāmen qùnián jiéhūnle	They say they got married last year
Wǒmen hěn gāoxìng wǒmen láile	We are happy that we came

STORY MODE

CHINESE

Zhu: "Nǐ wèishéme yào líkāi? Wǒ huì fēicháng xiǎng nǐ."

Ma: "Wǒ yě huì xiǎngniàn nǐ, dàn méiyǒu bìyào dānxīn, yīnwèi wǒmen zǒng shì zài yīqǐ, wúlùn wǒ zǒu dào nǎlǐ, wǒ dūhuì měi zhōu gěi nǐ dǎ diànhuà."

Zhu: "Wǒ de shēngrì kuài dàole, wǒ xiǎng hé nǐ fēnxiǎng zhège shíkè, wǒ de ài, wǒ huì jǐnkuài qǐngqiú zhuǎnyí."

Ma: "Wǒ de ài, zhè hěn hǎo, dàn zhèlǐ hé wǒ de xīn xuéxiào zhī jiān de jùlí hěn yuǎn."

Zhu: "Nǐ zhème kuài jiù yào gǎibiàn wǒ ma?"

Ma: "Dāngrán bùshì, wǒ zěnme néng zhèyàng zuò?"

Zhu: "Suǒyǐ ràng wǒ chéngwéi jùlí de pànduàn zhě, yīnwèi wǒ de xīnzàng xiànzài yǔ nǐ de xīnzàng yǒuguān."

Ma: "Zhè hěn hǎo, nǐ kěyǐ lái, dàn yīdìng yào jiāng dàngāo fēnchéng sì bùfèn, yīnwèi wǒ de xīn mùdì de huì yǒu liǎng gè shìyǒu."

ENGLISH

Zhu: "Why do you have to leave? I'm going to miss you a lot."

Ma: "I'm going to miss you too, but there's no need to worry because we'll always be together, no matter where I go, I'll skype you every week."

Zhu: "My birthday is coming soon, and I'm not sure If I can be without you, I want to share this moment with you, my love, I'll ask for a transfer as soon as possible."

Ma: "No problem my love, but the distance between here and my new school is very far."

Zhu: "Do you intend to replace me so soon?"

Ma: "Of course not, how can I?"

Zhu: "So let me be the judge of distance, because my heart is really connected to yours now."

Ma: "It's good, you can come, but be sure to divide the cake into four parts, because I'm going to have two roommates at my new destination."

VERBS - PLURAL PERFECT

Keywords: Zuìhòu, tiānjiā, shǐyòng, jiēshòu.

Wǒ jiāle niúnǎi	I had added milk
Wǒ rènshì tā de táng xiōng	I had known her cousin
Nǐ yǐjīng jiēshòule	You had accepted that
Tā céngjīng shǐyòngguò de wùpǐn	The objects that he had used
Tā gěile wǒ chá	She had offered me tea
Tā dédàole shénme jiéguǒ?	What results had she got?
Wǒmen jiēshòule tā	We had accepted it
Tāmen jiāle tā de míngzì	They had added his name
Zhèxiē shì nín huòdé de wénjiàn	These are the documents that you had obtained
Tā rènshì tā de shūshu	She had known her uncle
Wǒmen huí dàole fàguó	We had returned to France
Wǒ dǎ diànhuà gěi yīshēng	I had called the doctor
Hòulái, nǐ láile	Later, you had come
Wǒ guòqùle	I had passed by here
Tā bǎochí ānjìng	She had kept quiet
Zhè shì wǒmen chēng zhī wèi de shàonián	This is the teenager that we had called

STORY MODE

CHINESE

Boss: "Wǒ zuótiān xiěle yī fēng xìn. Rúguǒ nǐ qùguò nàlǐ, nǐ huì kàn dào de."

Huang: "Yīdàn kǎ lǔ tàitài gěi wǒ chá, zhè yìwèizhe wǒ bìxū tīng tā de chángpiān gùshì, suǒyǐ wǒ líkāile dàlóu."

Boss: "Nà shì duì de, wǒ xiǎng…… Yīdàn tā kāishǐ, nǐ jiù yǒngyuǎn bùnéng zǔzhǐ tā…… Wúlùn rúhé, nǐ hǎo ma?" Wǒ zhùyì dào nǐ zuìjìn jǐ tiān yīzhí hěn máng. . "

Huang: "Yīqiè dōu hěn hǎo. Wǒ gānggāng tōngguòle Simpleway rènzhèng kǎoshì. Wǒ bìxū zài zhèlǐ wánchéng fānyì. Wǒ zhǐyǒu shíjiān zài bāncì de kāishǐ hé jiéshù shí xuéxí."

Boss: "Tài hǎole, nǐ zhīdào, zhè shì nǐ dài gěi zhè jiā gōngsī de lìng yīgè hǎo zhǔyì. Rúguǒ wǒ zǎo xiē shíhòu zhīdào, wǒ huì gěi nǐ gèng duō de kòngxián shíjiān. Zhè shì yīgè yǒuyòng de rènzhèng, tā bìxū shì zhè jiā chūbǎn shè de yībùfèn."

Huang: "Wǒ hěn róngxìng, nǐ néng tígāo wǒ de xīnshuǐ ma?"

Boss: "Bù, hái méiyǒu, dàn tā kuài dàole, qǐng fàngxīn."

ENGLISH

Boss: "I wrote a letter yesterday, if only you had been there, you would have seen it."

Huang: "Once Mrs. Carew offered me tea, it meant I had to listen to one of her terribly long stories, so I left the building at the slightest opportunity."

Boss: "That's right, I guess ... Once she's started, you can never stop her ... Anyway, how are you?" I noticed that you keep going early and late in recent days."

Huang: "All is well sir, I just passed the Simpleway certification exams, with the translation work I have to do here, I only had time at the beginning and end of the shifts to study."

Boss: "Splendid, you know, that's another good idea that you brought to this company, if I knew earlier, I would have given you more free time, it's a useful certification, and must add this publishing house."

Huang: "I'm honored sir, so am I going to have a salary increase for that?"

Boss: "No, not yet, but it's coming soon, rest assured."

VERBS - GERUND / FUTURE

Keywords: Xiūxí, shuō, biǎoyǎn.

Tā huì xiàng nàyàng shāle wǒmen	He is going to kill us by acting like that
Xiǎoshíhòu, tā hěn miáotiáo	As a child, he was rather slim
Tā líkāi shuō hǎohuà	He left saying nice things
Zhèyàng zuò, rénmen shǐyòng gèng shǎo de shuǐ	In doing so, people use less water
Yīgè rén zài hàipà sǐwáng de shíhòu bùnéng huó xiàqù	One cannot live while being afraid of dying
Huà suī zhème shuō, nǐ shì duì de	That being said, you are right
Rénmen tōngguò gòngtóng xíngdòng gèng yǒuxiào	People were more effective by acting together
Jiànyú nǐ de bìngqíng, nǐ xūyào xiūxí yīxià	Given your condition, you need some rest
Tōngguò zhèyàng shuō, nǐ kěyǐ huòdé tāmen de xìnrèn	By saying that, you may gain their trust
Wǒ míngtiān bù huì yǒu kòng	I will not be free tomorrow
Míngtiān huì hěn hǎo	It will be nice tomorrow
Méiyǒu shé me kě kàn de	There will be nothing to see
Tāmen jiāng nénggòu hējiǔ	They will be able to drink
Suǒyǐ wǒ jiāng bùdé bù zuò chū xuǎnzé	So I will have to make a choice

TRAINING TIME

STORY MODE

CHINESE

"Nǐ wán dé kāixīn ma?" Gōngyuán dǎoyóu wèn dào. "Zhè yīzhí shì wǒ bìxū zài zhèlǐ zuò de shìqíng, suǒyǐ dāngrán shì zhèyàng. Duì wǒ ér yán, xíngdòng zǒng shì hǎo yú suǒ shuō de, suǒyǐ wǒ huì yòng hòu kōngfān xiǎnshì wǒ de gǎnshòu,"Chang ní shuō. Fānshēn hòu Chang ní de hūxī hěn kùnnán. Tā méiyǒu cháng shíjiān de duànliàn, zhè duì tā chǎnshēngle hěn dà de yǐngxiǎng. "Wǒmen hěn gāoxìng néng chéngwéi nǐ zài bālí Simpleland de kuàilè de yībùfèn, xiānshēng, wǒmen kěyǐ bāngzhù nǐ ma?" Dǎoyóu huídá shuō, shuāngshǒu jǐn wò zài yīqǐ. "Hǎo ba, zhìzuò diànyǐng hé tiàosǎn yě fēicháng zhòngyào." Chang ní shuō. "Tiàosǎn shì fēicháng wéixiǎn de, dàn wǒ láizì nǎlǐ, wǒmen yǒu yījù huà,'dāng wǒmen hàipà sǐwáng shí, wǒmen wúfǎ shēngcún.'""Yěxǔ wǒmen de shāndì tǐyàn kěyǐ qǔdài nǐ suǒ xúnzhǎo de lèqù." Zhǐnán shuō. "Nà tài hǎole. Nǎlǐ?" Chang ní wèn dào. "Zài xīfāng, xiānshēng." Zhǐnán zhǐchū.

- oo O oo –

Lin lǜshī:"Zhè shì nǐ de jiǎshì de tiáojiàn, yóu Ying fǎguān tígōng." "Nǐ réngrán xūyào bǎ tā fàng zài nǐ de jiǎohuái shàng, zhèyàng wǒmen cáinéng zài jiǎshì qíjiān zhuīzōng nǐ de dòngzuò." 2."Zài nǐ de jiǎshì qíjiān, nǐ bù huì zuò huò shìtú zuò rènhé kěnéng gòuchéng gōnggòng wéihài de shìqíng." 3."Nǐ jiàng zài jiǎshì guān zhǐdìng de shíjiān fǎnhuí zhǐdìng dìdiǎn de zhōubiān." 4."Rènhé wéifǎn shàngshù guīdìng de xíngwéi dōu yìwèizhe wǒmen bìxū chèxiāo nín de bǎoshì jīn, nín jiāng bèi sòng huí jiānyù." Lin lǜshī:"Zhè tiáokuǎn duì nǐ lái shuō shìfǒu qīngchǔ?" Āndōngní'ào:"Shì de, xiānshēng, míngbái." Lin lǜshī:"Hǎo. Xiànzài jǐnliàng bìmiǎn máfan."

ENGLISH

"Are you having fun?" asked the park guide.

"Being here has always been on my list of things to do, so of course I am. For me, the action is always better than what is said, so I will show what I feel with a backflip." said Chang.

Chang's breathing was hard after the flips. He had not exercised for a long time, and that had an obvious effect on him.

"We at Simpleland, Paris, are happy to be part of your joy, sir, how can we help you?" The guide replied, while squeezing both hands together.

"Well, making a movie and skydiving are also at the top of the list." said Chang.

"Parachuting is pretty risky, but where I come from, we have a saying,'We can not live when we are afraid of death.'" "Maybe our mountain experience is a good substitute for the fun you're looking for." said the guide.

"That will do for now. Where is it?" Chang asked.

"There in the west, sir." the guide pointed.

– oo O oo –

Barrister Lin: "These are the conditions of your parole, as delivered by Justice Ying."

1. "You will still need to have this anklet on you, so we can track your movements during the parole period."

2. "You will not, or will attempt to do anything that could constitute a public nuisance, within the time limit of your parole."

3. "You will return to the perimeter of the assigned premises at the time prescribed by your Parole Officer."

4. "Any violation of the aforementioned rules means that we will have to revoke your bond, and you will be sent back to prison."

Barrister Lin: "Are the terms clear to you?"

Zhi Wei: "Yes sir, understood."

Barrister Lin: "Good. Now try to stay out of trouble."

VERBS - PRESENT SUBJUNCTIVE

Keywords: Suīrán, shēnghuó, shēnghuó, fǎnyìng.

Jíshǐ	Even though
Tāmen yǒu bìyào kànjiàn wǒ de mèimei	It is necessary that they see my sister
Nǐ zài zhèlǐ hěn hǎo	It is good that you are here
Tā shì wéiyī xūyào bānjiā de rén	He is the only one who needs to move
Kàn lái tā wúfǎ qián lái	It seems she is unable to come
Wǒ bù quèdìng nǐ néng cóng yuǎn chù kàn dào xìjié	I am not sure that you can see details from a distance
Tā bìxū kàn dào tā de érzi	He has to see his son
Wǒ xīwàng tāmen chéngwéi wǒ de péngyǒu	I want them to be my friends
Tā shì wéiyī yǒu chē de rén	She is the only one who has a car
Wǒmen hěn gāoxìng tā yǒu lǜshī	We are glad that he has a lawyer
Tāmen yǒu bìyào kàn dào wǒmen de táng xiōng	It is necessary that they see our cousin
Wànsuì Zhōngguó	Long Live Spain
Tā bìxū guānshàng chuānghù	It is necessary he close the window
Tāmen xūyào rènzhēn duìdài	They need to get serious
Wǒ bù xīwàng nǐ zhèyàng zuò	I do not want you to do it
Tā zhème shuō hěn qíguài	It is strange for her to say that
Tā lǚxíng gèng zhòngyào	It is important that she travels more
Zhǎo gōngzuò hěn zhòngyào	It is important that you look for a job

Tā huózhe hěn zhòngyào	It is important that she live
Wǒ bù quèdìng tā shì zài zuò tā de gōngzuò	I am not sure that he is doing his work
Māmā yào nǐ guānshàng chuānghù	Mom wants you to close the window
Wǒ hěn gāoxìng nǐ zài zhège jìjié lǚxíng	I am pleased you travel in this season
Wǒ hěn bàoqiàn tāmen zhèngzài guānbì shāngdiàn	I am sorry that they are closing the store
Nǐ zhù zài zhèlǐ hěn hǎo	It is good that you are living here
Wǒmen bù xīwàng nǐ zuò chū fǎnyìng	We do not want you to react badly
Zhè shì yīgè jiāngù de shūbāo xiédài	It is a sturdy bag for carrying your books
Tā jiàng zài xiàtiān dàolái zhīqián qù xùnliàn	He is going to train before the summer comes
Tā bìxū kuàisù jìnrù	It is necessary that he enter quickly

TRAINING TIME

STORY MODE

CHINESE

Wang: "Suīrán wǒ jīngcháng shuō bu, dàn wǒ zhīdào zài zhè cì jīngjì shuāituì zhōng zhǎo gōngzuò fēicháng kùnnán, suǒyǐ běnzhe xiōngdì qíngyì de jīngshén, wǒ huì liú xià qián qù mǎi shíwù. Dàn wǒ bù huì zǒng shì zhèyàng zuò. Suǒyǐ, bìxū zhǎodào héfǎ de fāngfǎ lái wéichí shēngjì bìng shíxiàn zì jǐ zìzú."

Suzuka: "Xièxiè dàgē."

ENGLISH

Wang: "Even though I often say no, I know it's difficult to find a job in this recession, so in the spirit of brotherhood, I'll leave money to buy food. But I will not always do so. And so you have to find a legal way to make ends meet, and be self-sufficient."

Suzuka: "No problem big brother, thank you."

VERBS - CONDITIONAL

Keywords: Wǒ kěyǐ, wǒ yīnggāi.

Yǒurén huì shuō tā hěn yǒu qián	One would say that he is rich
Méiyǒu tā, wǒ huì shì duì de	Without it, I would be right
Nǐ yīnggāi shuìjiào, wǒ de érzi	You should sleep, my son
Tā huì chéngwéi yīgè hǎo zhàngfū	He would make a good husband
Wǒmen xiànzài yīnggāi chī	We should eat now
Wǒ xiǎng wǒmen kěyǐ chéngwéi hǎo péngyǒu	I think that we could be good friends
Nǐ néng wéi ài zuò shénme?	What would you be able to do for love?
Wǒ yīnggāi qù shuìjiàole	I should go to bed
Wǒmen huì yǒngyǒu tā	We would have it
Kěnéng yǒusān gè huò sì gè	There might be three or four of them
Wǒ huì shuō nǐ èrshí suì	I would say that you are twenty
Rúguǒ wǒ shēntǐ jiànkāng, wǒ huì hěn gāoxìng	If I were in good health, I would be happy
Méiyǒu qítā rén kěyǐ zuò wǒ de gōngzuò	No other man could do my work
Wǒ de péngyǒumen xiǎng qù	My friends would like to go
Nàgè nǚrén huì qù fàguó	That woman would be going to France
Wǒ xiǎng chī	I would like to eat
Tā xiǎng shuìjiào	She would like to sleep
Wǒmen bù zhīdào wǒmen de nǚ'ér shìfǒu huì xǐhuān zhège zhǔyì	We don't know if our daughter would like this idea

Nǐ xiǎng qù	You would like to go
Wǒ xiǎng hē niúnǎi	I would like to drink milk
Wǒmen xiǎng hé nǐ de xuéshēng shuō yīngyǔ	We would like to speak English with your students
Nǐ xiǎng chī tóngyàng de dōngxī ma?	Would you like to eat the same thing?
Ma hé Huang xiǎng qù Fēizhōu	Ma and Huang would like to go to Africa
Wǒ bùshì yī zhǐ niǎo, dàn wǒ xiǎng chéngwéi yī zhǐ niǎo	I am not a bird, but I would like to be one
Rújīn, tā kěndìng huì rù yù	Nowadays, she would certainly go to jail

TRAINING TIME

STORY MODE

CHINESE

Mr. Fen: "Niánqīng rén, nǐ kàn qǐlái hěn jǐnzhāng, yīqiè dōu hǎo ma?"

Young boy on the bridge: "Wǒ zhīdào; wǒ shènzhì shuō wǒ fēicháng jǔsàng."

Mr. Fen: "Zhè tīng qǐlái bu tài hǎo. Yuányīn shì shénme?"

Young Boy: "Nàgè." Tā shuō, bǎ yīgè zōngsè de xìnfēng jiāo gěi luò lǎng xiānshēng.

Mr. Fen: "Tā shì shénme?"

Young Boy: "Wǒ xīwàng zài wǒ shēngmìng de zhège jiēduàn wánchéng de shìqíng qīngdān."

Mr. Fen: "Wǒ míngbái, nǐ duōdàle?"

Young Boy: "Cāi cāi tā shì shénme."

Mr. Fen: "Wǒ huì shuō nǐ shíqī suì huò shíbā suì."

Young Boy: "Rúguǒ nǐ shuō shíqī suì, nǐ shì duì de. Rúguǒ nǐ xiǎng tīng, wǒ kěyǐ dàshēng dú chūlái."

Mr. Fen: "Dāngrán, jìxù, wǒ hěn gǎn xìngqù."

Young Boy: "Shǒuxiān: Wǒ 18 suì shí huì jǐ zìjǐ qǐ gè míngzì."

"Méiyǒu. Dāng wǒ 18 suì de shíhòu, wǒ huì qù fàguó huò fǎyǔ guójiā yì nián."

"Méiyǒu. Zài shíbā suì shí, wǒ jiāng chéngwéi wǒ de dì yī gè bǎi wàn."

Xiànzài, wǒ de shēngrì shì xià zhōu, wǒ hái zài gēngxīn lièbiǎo. "

Mr. Fen: "Nǐ yàome shì xiǎochǒu, yàome nǐ bùbì dānxīn: Wǒmen zhōng de xǔduō rén dōu yǒu wǒmen yǒngyuǎn wúfǎ shíxiàn de mùbiāo. Wǒmen zhōng de xǔduō rén méiyǒu yībǎi wàn shènzhì yīqiān rén."

Young Boy: "Dàn wǒ míngdān shàng de dà bùfèn xiàngmù dōu qǔjué yú dì sān míng."

Mr. Fen: "Hǎo ba, jìrán nǐ zhīdào yào guānzhù shénme, nà jiù kāishǐ gōngzuò ba, shìqíng huì gèng qīngxī, gèng hǎo, xiāngxìn wǒ."

Young Boy: "Xièxiè nǐ liáotiān, wǒ xūyào nàgè."

ENGLISH

Mr. Fen: "Young man, you look stressed, is everything okay?"

Young boy on the bridge: "I know; I would go so far as to say that I am depressed."

Mr. Fen: "It's not good to hear, any reasons in particular?"

Young Boy: "That." he said, handing a brown envelope to Monsieur Fen.

Mr. Fen: "What is it?"

Young Boy: "A list of things I had hoped to accomplish at this stage of my life."

Mr. Fen: "I see, how old are you?"

Young Boy: "Guess."

Mr. Fen: "I would say that you are seventeen or eighteen years old."

Young Boy: "If you say seventeen, you would be right. I could read them out loud if you want to hear."

Mr. Fen: "Of course, go ahead, I'm intrigued."

Young Boy: "Number one: At the age of eighteen, I would make a name for myself."

"Number 2. At the age of eighteen, I would go to France or a French-speaking country for a year."

"Number 3. At the age of eighteen, I would have made my first million."

That's it for now, my birthday is next week, and I'm still updating the list."

Mr. Fen: "You are either a joker, or you worry unnecessarily: many of us have objectives that we will never reach in life. Many of us do not have a million or even a thousand."

Young Boy: "But most of the items on my list depend on number three."

Mr. Fen: "Well, now that you know what to focus on, start working, things will be clearer and better, trust me."

Young Boy: "Thanks for the chat, I needed that."

VERBS – PAST CONDITIONAL

Keywords: Rènkě, guānchá, tígōng, tíngzhǐ.

Tā huì zǔzhǐ wǒmen	He would have stopped us
Nǐ huì qù shìzhèng tīng	You would have gone to the city hall
Nù, zhè huì gèng zāo	No, this would have been worse
Tā huì rèn chū nǐ de chē	She would have recognized your car
Wǒmen yīqǐ qù shāngdiàn	We would have gone to the store together
Wǒmen yǐjīng zhǔnbèi hǎole	We would have been ready
Méiyǒu tā, wǒmen jiù huì rèn chū nǐ	Without that, we would have recognized you
Nàxiē huà yīnggāi shì wǒ de zuìhòu yījù huà	Those words would have been my last
Wǒ xiāngxìn nǐ huì chéngwéi yī míng fēicháng yōuxiù de yīshēng	I am sure that you would have been a very good physician
Nǐ huì qù xiāngcūn xuéxiào	You would have gone to the village school
Nǐ huì shǎo fù qián	You would have paid less
Tā huì qiángdiào zhè yīdiǎn	She would have emphasized that
Wǒ běnlái huì fàng yīgè jiémù	I would have presented a show
Fàngxué hòu wǒmen huì kàn diànshì	We would have watched television after school
Tā gěile wǒmen yībēi yǐnliào	He'd have offered us a drink

STORY MODE

CHINESE

Stranger 1: "Wǒ bùxiǎng zhème shuō, dàn wǒ gàosù nǐle.

Wǒ tèyì jiānchí "bùyào kàn tā" zhège cí, tā huì tíchū gěi wǒmen mǎi yībēi yǐnliào, fǒuzé nǐ zhìshǎo huì shǎo fù qián."

Zhi Wei: "Wǒ hěn bàoqiàn, hái yǒu shíjiān, wǒmen réngrán kěyǐ huíqù."

Stranger 1: "Méiyǒu lǐyóu, tāmen yǐjīng kànguò lùxiàngdàile. Nǐ biǎoxiàn chū kǒngjù. Zài zuì xūyào de shíhòu, nǐ hái méi zhǔnbèi hǎo chéngwéi zhège rén.

"Dāng wǒmen zhèyàng zuò shí, wǒmen jiù tíngzhǐle zhè shì yī jiàn hǎoshì, fǒuzé wǒmen huì zāoshòu zàicì bèi bǔ de hòuguǒ."

Zhi Wei: "Zài yīcì, wǒ hěn bàoqiàn."

ENGLISH

Stranger 1: "I hate to say it, but I told you so.

I specifically insisted on the words 'do not look at him', he would have offered to buy us a drink, or you would have at least paid less."

Zhi Wei: "I'm sorry, there is still time, we can still go back."

Stranger 1: "There is no reason to, they would have already looked at the tapes. You showed fear. You were not ready to become this person when it was most needed.

"It was a good thing that we stopped when we did, otherwise we would have suffered the consequences of being captured again."

Zhi Wei: "Once again, I'm sorry."

VERBS - PAST SUBJUNCTIVE

Keywords: Chīguò, tài, yǒu, diūshī.

Wǒmen hěn gāoxìng nín yuèguòle biānjìng	We are happy that you have crossed the border
Wǒ rènwéi tā méiyǒu zhǔnbèi hǎo zhège jiēduàn	I do not think she prepared this stage
Hǎoxiàng tā shēngbìngle	It seems like she has been sick
Zhè shì tā yǒngyǒu de zuì piàoliang de yīfú	It is the most beautiful dress that she has had
Zhèxiē shì duì wǒmen hěn hǎo de wéiyī nánrén	These are the only men that have been nice to us
Zhè shì wǒ hěnjiǔ yǐlái jiànguò de zuì yīngjùn de nánrén	This is the most handsome man I have seen in a long time
Duìbùqǐ, nǐ cuòguòle huìyì	I am sorry that you missed the meeting
Wǒ bù quèdìng nǐ chī bǎole	I am not sure you have had enough to eat
Wǒ bù rènwéi Ma děngle tài jiǔ	I do not think Ma waited too long
Sìhū tāmen gèng jīngquè	It seems that they have been more precise
Kàn lái tā shēngbìngle	It seems that she has been sick
Nǐ qù bālí hěn bàng	It is great that you have gone to Paris
Wǒmen xǐhuān tā qù bówùguǎn de xiǎngfǎ	We like the idea that she went to the museum
Wǒmen qù dòngwùyuán hěn hǎo	It is good that we have gone to the zoo

Zhàngfū yǒu kěnéng zài qīzi miànqián guīlái ma?	Is it possible that the husband returned before his wife?
Wǒ bù míngbái wǒ de zhínǚ liú zàile huāyuán lǐ	I did not understand that my niece had stayed in the garden
Tāmen de mǔqīn dānxīn tāmen méi chuān wàitào jiù chūqùle	Their mother is afraid that they have gone out without their coats
Māmā hěn gāoxìng wǒmen zhème zǎo jiù huíláile	Mom was happy that we had returned so early
Tā zuì hǎo zài jiāzhōng qùshì	It was better for her to have died at home
Nǐ xiān zǒule shì héhū luójí de	It is logical that you have gone first
Wǒ huáiyí tā wánchéngle tā de gōngzuò	I doubted that he had finished his work
Dāng nǐ jiēshòu zhège tíyì shí, wǒ hěn gāoxìng	I was delighted when you accepted the offer
Tā líkāi shí wǒ hěn gāoxìng	I was happy when he left
Wǒ quèxìn tā huì kāichē	I was sure that he would drive
Wǒ xīwàng tā néng zài chēzhàn kàn dào zhè liàng chē	I wanted him to see the car at the station

TRAINING TIME

STORY MODE

CHINESE

"Wǒ de shàngdì, zhèlǐ fāshēngle shénme?" Zhēntàn wèn dào.

"Tā jīntiān zǎoshang sǐ yú tángniàobìng," xī luō shuō.

Tā zhǐzhe sǐzhě zài qiáng shàng de zhàopiàn.

"Wǒ yǐwéi tā zhè zhōu qùle yīshēng," zhēntàn hēnglì shuō.

"Méiyǒu rén zhēn de zhīdào. Tā gānggāng jìnlái, tā dào zài dìshàng, jiùshì zhèyàng. Dàn zhè kěnéng shì yīgè bù hǎo de zhěnduàn. Kàn qǐlái fēicháng yánzhòng.

Cǐwài, jiārén kāishǐ kàngyì bìng cuīhuǐ yīqiè, shēngchēng wǒmen zuò dé bùgòu. Wǒmen kěyǐ qǐsù tāmen, dàn fǎlǜ chéngxù huì hěn zhǎng, wǒ zhēn de bùgǎn xìngqù."

"Wǒmen jiāng zài shāo hòu tǎolùn. Xiànzài, wǒmen jiāng chángshì liǎojiě gèng duō xìnxī." Zhēntàn shuō.

ENGLISH

"My God, what has happened here?" asked the detective.

"She died this morning, she was diabetic." Hiro said.

He pointed a picture of the deceased on the wall.

"I thought she went to the doctor this week." said Detective Guo.

"Nobody really knows much, she just came in, she fell to the ground, and that was all. But it's possible that it was a bad diagnosis, it looked very serious.

Also, the family started a protest, destroying everything in sight, claiming we had not done enough. We could sue them, but the legal process would be long, and I'm not really interested."

"We will discuss it later. For now, we will find out more." said the detective.

Chapter 2

PASSIVE VOICES

Keywords: Tōngguò, wánchéng, zūnzhòng, yuèdú.

Tā bèi tā de rénmín suǒ ài	He is loved by his people
Tā shì yóu jìsuànjī wánchéng de	It is done by computer
Tā bèi tāmen shōuyǎngle ma?	Has he been adopted by them?
Háizi bèi wǒ de shūshu hé gūgū shōuyǎngle	The child has been adopted by my uncle and my aunt
Tā shēn shòu dàjiā de xǐ'ài	She was loved by everybody
Nǐ de chuáng shì ma?	Was your bed made?
Zhè zhǐ māo bèi hǎorén shōuyǎngle	The cat has been adopted by nice people
Tā bèi yī duì fūfù shōuyǎng	He is adopted by a couple
Tā shòudào suǒyǒu rén de zūnzhòng	He is respected by all
Nà fèn wénjiàn shì wǒ fùqīn dúguò de	That document was read by my father
Qīzi shòudào zhàngfū de zūnzhòng	The wife is respected by her husband
Gǔlǎo de chuántǒng réngrán shòudào zūnzhòng	Old traditions were still respected
Gāi bào bèi guǎngdà dúzhě yuèdú	The newspaper is read by a wide audience

TRAINING TIME

STORY MODE

CHINESE

Chun: "Bùyào dānxīn biāojì, yīqiè dōu shì tōngguò jìsuànjī wánchéng de, zhǐ xūyào yī fèn wénjiàn fùběn. Yīdàn wǒ de bìngdú dòu qǔle zhùcè shāng de mìmǎ, wǒmen jiù kěyǐ jǐn kěnéng de jìnxíng gēnggǎi."

Bo: "Wǒ zhēn de hěn zūnzhòng nǐ de hēikè nénglì."

Chun: "Xièxiè nǐ, rúguǒ nǐ xǐhuān diànzǐ yóuxì, wǒmen kěyǐ wán xīn de tàiyáng yóuxì, huòzhě nǐ kěyǐ wán FIFA. Wǒ yǒu liǎng gè. Rúguǒ nǐ yuànyì, wǒmen kěyǐ wán yī zhěng wǎn."

Bo: "Wǒ néng wèn diǎn shénme ma?"

Chun: "Shì de, dāngrán."

Bo: "Wèishéme wǒmen bùnéng gèng kuài chéngwéi péngyǒu?"

Chun: "Wǒ bù zhīdào, wǒ de péngyǒu, dàn xiànzài, suǒyǒu de dàolù dōu tōng wǎng cāochǎng."

Xiào shēng fēnxiǎng

ENGLISH

Chun: "Do not worry about the marking, everything is done by computer, just have a copy of your credentials. Once my virus reads the password of the registrar, we can change as much as possible."

Bo: "I really respect your hacking abilities."

Chun: "Thanks, and if you like video games, we can play the new Adopted Suns game, or FIFA if you prefer. I have both, we can play all night if you wish."

Bo: "Can I ask something?"

Chun: "Yes, of course."

Bo: "Why didn't we become friends earlier?"

Chun: "I do not know either, my friend, but for now, all roads lead to the playground."

* laughs shared *

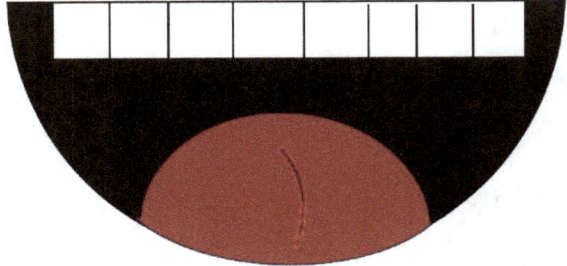

Chapter 3

PREPOSITIONS

Keywords: Zhídào, zài zhōngjiān, wàimiàn, nǐ bìxū.

Zhídào zuìjìn	Until recently
Wǒmen jiù zài nǐ shēnbiān	We are next to you
Zhè zuò qiáo jiù zài tǎ pángbiān	The bridge is next to the tower
Wǒ yào qù wǒ nǚ'ér de jiā	I am going up to my daughter's house
Zhè shì yīnwèi zhè zhǐ láng	This is because of this wolf
Tā hé tā de háizi hěn qīnjìn	She is close to her children
Dào xiànzài wéizhǐ hái tǐng hǎo	So far, so good
Tiānqì hěn hǎo, zhídào zhōngwǔ	The weather was fine until noon
Yīn xuě ér wúfǎ gōngzuò	He cannot work because of the snow
Tā zhù zài gébì	He lives next door
Shīzi chī dào wǎnshàng	The lion eats until night
Wǒmen rènwéi tāmen hěn zāogāo	In our opinion, they are bad
Wǒ zài miànbāo diàn qiánmiàn	I am in front of the bakery
Nǐ zài gēn wǒ shuō shénme?	What are you saying to me?
Tā zài tā fángjiān de zhōngjiān fāxiànle yī zhǐ lǎoshǔ	She found a mouse in the middle of her room
Chéng wài yǒu yījiā xīn gōngsī	There is a new company outside the city
Nǐ bìxū kàojìn nǐ de mǔqīn	You have to stay close to your mother
Jù wǒ de qīzi shuō, shì de	According to my wife, yes

Wǒ zhèngzài dú yī běn yīngwén zázhì	I am reading an English magazine
Liǎng xiōngdì zhèngzài wūwài wánshuǎ	The two brothers are playing outside the house
Wǒ chīle hěnduō ròu	I eat a lot of meat
Zhè chāochūle wǒ de lìliàng	It is beyond my strength
Tā zǒuguò tā de wòshì	He walks through his bedroom

TRAINING TIME

Tā wèiyú jiànzhú wù de dǐngbù	It is on top of the building
Nǐ bàngōng zhuō xià yǒu shé me dōngxī?	What is there under your desk?
Tā hēle hěnduō píjiǔ	He drinks a lot of beer
Māo zài tǎ de jiǎoxià	The cat is at the foot of the tower
Wǒ zài wàitào xiàmiàn chuān jiákè	I wear a jacket underneath my coat
Wǒ yǒu hěnduō shū	I have a lot of books
Tā bǎ yàoshi fàng zài hézi shàngmiàn	She put the key above the box
Tā kàntòule chuānglián	She sees through the drapes
Nín bìxū zài yèmiàn dǐbù xiě xià nín de míngzì	You have to write your name at the bottom of the page

TRAINING TIME

STORY MODE

CHINESE

Bo: "Wǒ bù zhīdào gāi zěnme zuò. Duōkuīle tā, wǒ wúfǎ jíshí zuò hǎo zhǔnbèi."

Suzuka: "Zuò zài chuāng biān zěnme yàng?"

Bo: "Tā chāochūle wǒ, wǒ jiāng wúfǎ kàn dào tài duō."

Suzuka: "Rúguǒ nǐ zuò zài tā miànqián, zài yàzhōu rén pángbiān zěnme bàn?"

Bo: "Zhè hé zuò zài wǒ tóu shàng de kǎoguān yīyàng hǎo. Yàzhōu rén zài kǎoshì zhōng défēn bùrú lán yǎnjīng de nǚhái."

Patrick: "Nǐ bùbì dānxīn rènhé shìqíng. Rúguǒ nǐ yǒu zhèngquè de zhīshì, suǒyǒu de kǎoshì dōu kěyǐ tōngguò."

Bo: "Nǐ zài shuō shénme?"

Patrick: "Cóng wǒ tīng dào de qíngkuàng lái kàn, jiǎnchá yuán bù fǎnduì shǒupà, zhǐ xū zài shǒu shàng xiě jǐ diǎn, ránhòu zài zhuōmiàn shàng yuèdú."

ENGLISH

Bo: "I do not know how I'm going to get by. Thanks to him, I could not get ready in time."

Suzuka: "How about sitting by the window?"

Bo: "It's beyond me, I will not be able to see much."

Suzuka: "And if you sit in front of her, next to the Asian?"

Bo: "It's as good as the examiner sitting on my head, and the Asian does not score as many points in the tests as the girl in blue."

Patrick: "You do not have to worry about anything, all exams can be passed if you have the right knowledge."

Bo: "What are you talking about?"

Patrick: "From what I've heard, the examiner does not oppose handkerchiefs, just write a few points on one and read them under your desk."

Chapter 4

ABSTRACTS

Keywords: Fúlì, zhǔnbèi, wǎngluò, gèxìng, xiūkè, shēnfèn, zhízé, zuìdà huà, zxiàndù.

Guānjiàn shì zhǔnbèi	The key is preparation
Zhè shì yīgè mí	It is a mystery
Wǎngluò fēicháng dà	The network is very big
Wǒ māmā xūyào xiūxí	My mother needs rest
Tā dāngēle	He arrived with delay
Měi gè cí dōu yǒu qí hányì	Each word has its meaning
Zhè shì jiàn huàishì	It is a bad piece
Wǒ hěn bàoqiàn chídàole	I am sorry for being late
Zhè shì yīgè lǎo jìqiǎo	It is an old trick
Tā méiyǒu fǎnyìng	He has no reaction
Tā chéngdān zérèn	He bears responsibility
Yǒu shé me hǎochù?	What are the advantages?
Zhège mìngtí hěn yǒuyìsi	The proposition is interesting
Wánměi de dāpèi	The perfect mix
Tāmen xiǎng jiā xīn	They want a raise
Hǎochù hěn shǎo	The benefit is little
Gōngzhòng de fǎnyìng shì jījí de	The public's reactions are positive
Tā shì hùnhé yánsè	It is a mix of colors
Jiélùn	The conclusion
Tā méiyǒu gèxìng	She has no personality
Zhè shì miǎnfèi de	It's entry is free

Tā hěn zhènjīng	He is in shock
Zhè shì yī zhǒng bǎohù shǒuduàn	It is a means of protection
Nàgè rén hàipà gǎibiàn	That man is afraid of change
Tā zhōngyú shīqùle shěnpàn	He finally loses the trial

TRAINING TIME

Tāmen wèishéme yào zhèxiē gǎibiàn?	Why do they want those changes?
Tài yíhànle!	What a pity!
Gāi jì huá bù zài cúnzài	That programme does not exist any more
Zhè shì wǒ de shēnfèn zhèng	It is my identity card
Nǐ xǐhuān kāihuì	You like meetings
Zhè shì nǐ de zhízé	That is your duty
Zhège cí láizì fàguó	That word is of French origin
Nà cì huìyì hěn máncháng	That meeting was very long
Wǒ yǒu hěnduō gōngkè yào zuò	I have a lot of homework to do
Zhè liàng chē yǒu hěnduō sǔnhuài	The car has a lot of damage
Zhè shì zhòngyào de yībù	It is an important step
Guāngmíng	The light
Wǒ méiyǒu tài duō xuǎnzé	I do not have many options
Wǒ bìxū jiǎnchá wǒ de rìchéng ānpái	I have to check my schedule
Xièxiè nǐ de yāoqǐng	Thanks for your invitation
Nǐ méi bāng wǒ	You do not help me
Wǒ xūyào xiūxí yīxià	I need a break
Wǒ gèng xǐhuān zhège bǎnběn	I prefer this version
Wǒ xǐhuān zhège xuǎnxiàng	I like that option

Wǒ dǎ kāi dēng	I turn on the light
Xièxiè nín de bāngzhù	Thank you for your help
Cúnzài duō gè bǎnběn	Several versions exist
Dēng shì hóngsè de	The lights are red
Wǒ xūyào bāngzhù	I need help

TRAINING TIME

Zhè shì yīgè jiǔwéi de	It is a long absence
Wǒ de míngzì kěyǐ zài lièbiǎo zhōng zhǎodào	My name can be found in the list
Duōshǎo gè lèibié?	How many categories?
Tā de fùqīn yǒu liánxì	His father has connections
Wǒ xiǎng yào liǎng gè háizi	I want two children maximum
Wǒ měitiān gōngzuò zhìshǎo bā xiǎoshí	I work a for a minimum of eight hours a day
Wǒ shǔyú tóngyī lèibié	I am in the same category
Wǒ duì tāmen de guānxì yī wú suǒ zhī	I do not know anything about their relationship
Wǒ zài zhèlǐ cānjiā huìyì	I am here for the conference
Tā jiēshòule liánghǎo de jiàoyù	She received a good education
Tā yǐ jiāng cǐ àn gào shàng fǎtíng	She has taken the case to court
Zhège nánrén zhuàngkuàng bù jiā	This man is in bad shape

STORY MODE

CHINESE

Barrister Lin: "Bùxìng de shì, tā bèi jiānjìn de xiāoxī zhènjīngle wǒ. Zhège chéngxù yǐjīng cúnzài yú xìnggé bù hǎo de rén shēnshang, zhè yìwèizhe wǒ réngrán xūyào jiàn dào tā, jíshǐ tā diū shī liǎo ànzi."

Stranger 1: "Wǒmen xiànzài yǒu shé me xuǎnzé?"

Barrister Lin: "Xìngyùn de shì, tā yǔ jiàoyù bù de yǒu yǐngxiǎng lì de rén jiànlìle duōnián de qīnmì guānxì, qízhōng yīxiē rén jīntiān zài péishěn tuán zhōng, zhè yìwèizhe wǒmen kěyǐ cóng shúxī zhōng shòuyì.

Suīrán zhè zài hóngguān jìhuà zhōng wēibùzúdào, dàn tā réngrán shì yīgè yōushì, wǒmen xūyào dédào suǒyǒu bāngzhù. Zài zhè zhǒng qíngkuàng xià, wǒmen de dēng shì lǜsè de, wǒ rènwéi shìshí zhèngjù hé tóngqíng de liánghǎo jiéhé jiāng bǎ wǒmen dài dào mǒu gè dìfāng."

Stranger 1: "Hěn gāoxìng tīng dào."

Barrister Lin: "Xiūxí hòu wǒmen huìtán gèng duō...... Xiànzài, ràng wǒmen qù zhǎo gōngzuò rényuán xúnzhǎo shíwù."

Stranger 1: "Tā gèng piányí ma?"

Barrister Lin: "Wǒmen bù xūyào zhīfù rènhé fèiyòng, wǒmen kěyǐ zài zhōu sì zìyóu jìnrù."

ENGLISH

Barrister Lin: "What a pity, the news of his imprisonment shocked me. This program already existed for people with bad personalities, which means that I still have to watch him, even if he loses this case."

Stranger 1: "What are our options now?"

Barrister Lin: "Fortunately for us, he has forged cordial relationships over the years with influential people from the Department of Education, some of whom are on the jury today, which means we can benefit from familiarity.

Although this is insignificant in the grand scheme of things, it is nevertheless an advantage, and we need all the little ones we can get. The lights are green for us in this case, and I think the good mix of factual evidence and compassion will take us somewhere."

Stranger 1: "It's good to hear."

Barrister Lin: "We'll talk more after the break ... For now, let's go to the staff bar for some food."

Stranger 1: "Is it cheaper there?"

Barrister Lin: "We have nothing to pay, admission is free on Thursdays."

Chapter 5

NATURE

Keywords: Shān, tàiyáng, huǒ, tiānkōng, hǎi, zìrán, kōngqì, yuánsù, tǔrǎng, sēnlín, cǎo, yuèliàng, yān.

Huǒ	Fire
Tàiyáng	The sun
Zhíwù	The plant
Fēng	The wind
Yuánsù	The element
Yī kē shù	A tree
Tàiyáng zài tiānkōng zhōng	The sun is in the sky
Tā kàn dàole dàhǎi	She sees the sea
Zìrán shì wǒmen de mǔqīn	Nature is our mother
Wǒmen de shuǐ méiyǒu shòudào wūrǎn	Our water is not polluted
Zhèlǐ de kōngqì hěn chúnjìng	The air is pure here
Dēng shì hóngsè de	The light is red
Tiān shì lán de	The sky is blue
Dàhǎi shì lán sè de	The sea is blue
Wǒ xǐhuān tā de huā	I like his flowers
Tā shuì zài dìshàng	He sleeps on the ground
Zhège wùzhǒng yǐjīng xiāoshīle	The species has disappeared
Zhèxiē zìduàn shì huángsè de	The fields are yellow
Ben zhèngzài shàngzhèn	Ben is on the wave
Méiguī	Roses
Wǒmen de cǎo shì lǜsè de	Our grass is green
Láng zài sēnlín lǐ	The wolf is in the forest
Wǒ bù xǐhuān xià yǔ	I do not like rain
Wǒ kàn dàole yuèliàng	I see the moon

Wǒ xǐhuān rèliàng	I like the heat
Zài nàgè guójiā, yǔ hěn shǎo jiàn	Rain is rare in that country
Tā kànzhe shān	She looks at the mountain

TRAINING TIME

Héliú	The rivers
Zhǒngzǐ	Seeds
Xīngqiú	The planet
Xuě	The snow
Fēnghuì zài nǎlǐ?	Where is the summit?
Jǐngguān	The landscape
Tā bùshì míngxīng	It is not a star
Yān shì báisè de	The smoke is white
Zhè tiáo hé hěn wéixiǎn	The river is dangerous
Jǐngguān hěn bàng	The landscape is wonderful
Tā wén qǐlái xiàng yānwù	It smelled like smoke
Zhège xīngqiú chǔyú wéixiǎn zhī zhōng	The planet is in danger
Hǎiyáng shì lán sè de	The ocean is blue
Hú hěn shēn	The lake is very deep
Qìhòu fēicháng hǎo	The climate is very nice
yún shì báisè de	The cloud is white
Yǒu wūrǎn	There is pollution
Zhè duì huánjìng yǒuyì	It is good for the environment
Diàn shì fēicháng yǒuyòng de	Electricity is very useful
Tā kāishǐ xià xuěle	It started to snow

STORY MODE

CHINESE

Mei: "Xièxiè nǐ, wǒ yīzhí zài xúnzhǎo zhège tèshū de wùzhǒng."

Ju: "Zhēn de, zhè hěn bàng, yīnwèi wǒ dài gěi nǐ zúgòu de sēnlín."

Mei: "Bùxìng de shì, zhèlǐ wánquán bù kěnéng."

Ju: "Nǐ wèishéme zhème shuō?"

Mei: "Gèrén jīnglì. Zhíwù zhǒnglèi yǒngyuǎn bù huì zài zhè zhǒng qìhòu xià shēngcún. Qùnián wǒ mǎile qiū kuí zhǒngzǐ, liù gè yuè hòu tāmen méiyǒu cúnhuó xiàlái."

Ju: "Zhè hěn bùxìng."

Mei: "Shì de, jiùshì zhèyàng. Yǒu jǐ gè yuányīn: Shǒuxiān, tā jīhū zǒng shì zàixià yǔ, suǒyǐ zhège dìfāng zhěng nián dōu hěn lěng…… Qícì, tǔrǎng bùgòu hǎo."

Ju: "Nàme nǐ wèishéme xuǎnzé zhù zài zhèyàng de huánjìng zhōng ne?"

Mei: "Kōngqì gèng qīngjié, jiāotōng hé gōngyè huódòng jiǎnshǎole. Dāngxià yǔ tíngzhǐ shí, niǎo er zài zǎoshang qīng qīng de zài chuānghù shàng dīyǔ, zài lǐmiàn zhù cháo, nèi yǒu měilì de jīdàn."

Ju: "Wǒ míngbáile."

ENGLISH

Mei: "Thanks for the flowers, I've been looking for this particular species everywhere."

Ju: "Really, it's great because I brought enough for you to grow a forest."

Mei: "Unfortunately, it would be totally impossible to do here."

Ju: "Why do you say that?"

Mei: "Personal experience. Plant species will never survive in this climate. There were okra seeds I bought last year, six months later, none of them survived."

Ju: "It's unfortunate."

Mei: "Yes, and it's like that for several reasons: first, it's almost always raining, so this place is ridiculously cold all year long ... Secondly, the soil is just not good enough."

Ju: "So why do you choose to live in such an environment?"

Mei: "The air is cleaner, with less traffic and industrial activity. When it stops raining, the birds whisper softly in the morning through my window and build nests with beautiful eggs inside."

Ju: "I see."

Chapter 6

MATERIALS

Keywords: Mùcái, yóu, yín, pígé, jīn.

Bīng kuài	The ice
Shítou	The stone
Huángjīn	The gold
Mùtou	The wood
Lùnwén	The paper
Tā yǒu hěnduō qián	She has a lot of money
Nà bǎ dāo shì tiě zhì de	That knife is made of iron
Wǒ xǐhuān bīng	I like ice
Zhè shì huángjīn	This is gold
Qǐng nǐ dì lùnwén	Your papers, please
Nà zuò qiáo shì yòng shítou qì chéng de	That bridge is made of stone
Nàgè hézi shì zhǐ zhì de	That box is made of paper
Mén yóu gāng zhì chéng	The door is made of steel
Yìngbì yóu jīnshǔ zhì chéng	Coins are made of metal
Měiguó fù hán shíyóu	America is rich in oil
Huīchén zài dìbǎn shàng	The dust is on the floor
Zhè zhǒng sùliào shì lǜsè de	This plastic is green
Yángmáo zhìliàng hěn hǎo	The wool is of good quality
Wǒ bù xǐhuān sùliào	I do not like plastic
Zhè zhǐ māo dài zǒule wǒ de yángmáo	This cat has taken my wool
Tā xiàng huīchén yīyàng gānzào	It is dry as dust

STORY MODE

CHINESE

Jīn, tiě, yóu, mián, xiàngjiāo. Zhè wǔ gè yǒu shé me gòngtóng zhī chù? Rúguǒ nín cāi dào tāmen dōu shì yuáncáiliào, nàme nín jiùshì duì de.

Yuáncáiliào tōngcháng shì tiānrán wùzhí, kěyǐ tōngguò jiāgōng huódòng zhuǎnhuà wéi xīn chǎnpǐn. Bù xiāngxìn wǒ? Kàn kàn nǐ zhōuwéi. Yìngbì shì jīnshǔ de. Nǐ de pídài shì pígé. Nǐ chī de chāzi hé sháozi zhǔyào shi yín. Mùcái shì lìng yīgè yuánliào de hǎo lìzi. Zài chǔlǐ zhīhòu, jùmò yě kěyǐ yòng zuò lìng yī zhǒng chǎnpǐn de yuánliào.

ENGLISH

Gold, iron, oil, cotton, rubber. What do these five have in common? If you guessed they are all raw materials, then you would be right.

Raw materials are often natural substances that can be turned into new products through processing activities. Do not believe me? Look around you. The coins are metal. Your belts are leather. The forks and spoons you eat with, are mainly silver. Wood is another good example of raw material. After the treatment, the sawdust can also be used as raw material in the creation of another product.

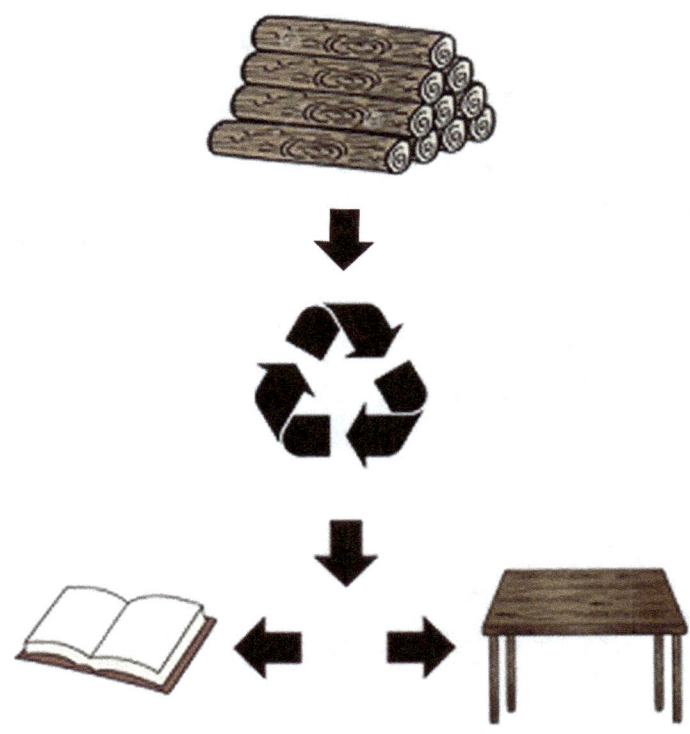

Chapter 7

THE ARTS

Keywords: Huìhuà, yīnyuè, shīgē, yìshùjiā, diànyǐng, xiǎoshuō.

Diànyǐngyuàn	The theater
Diànyǐng	The movie
Xiǎotíqín	The violin
Zhè shǒu shī	The poem
Jiézòu	The rhythm
Yìshùjiā	The artist
Yìshù	The arts
Bówùguǎn	The museum
Gēshǒu	The singer
Zhège yíqì	The instrument
Zhè shì yīgè yīnfú	It is a musical note
Nǐ yǒu zhè fú huà	You have the painting
Tā jīnnián liúxíng	It is in fashion this year
Wǒ bù xǐhuān Zhè zhǒng biǎoxiàn	I have not liked this performance
Zhè shì yīgè wěidà de zuòpǐn	It is a great piece
Tā de chéngjī fēicháng hǎo	His marks are excellent
Wǒ zài kàn āyí de zuòpǐn	I am looking at my aunt's works
Jīnnián de shízhuāng wánquán bùtóng	This year's fashions are completely different
Nǐ yǒu yóuqī	You have the paint
Tā shì yīgè huózhe de zuòjiā ma?	Is he a living writer?
Wǒ xiǎng qù diànyǐngyuàn	I want to go to the cinema

Tāmen shì yìshùjiā	They are artists
Yǒushí, tāmen bèisòng shīgē	Sometimes, they recite poems
Tā yòng yú kàn diànyǐng	It is used for watching movies
Bówùguǎn zài nǎlǐ?	Where is the museum?

TRAINING TIME

Xiànchǎng	The scene
Wǒ dàizhe miànjù	I wear a mask
Shèjì bùtóng	The design is different
Zhè fú huà zài nǎlǐ?	Where is the painting?
Zhè shì wǒ de xiǎoshuō	It is for my novel
Wǒ tīng gē	I listen to songs
Tā xǐhuān gāngqín	He likes the piano
Tā qùguò nà chǎng yīnyuè huì	She has gone to that concert
Wǒ xiǎng yào yī bǎ jítā	I want a guitar
Yǎnyuán yǔ guówáng shuōhuà	The actor speaks with the king
Tā shì gēshǒu	He is a singer
Yǎnyuánmen	The actors
Wǒmen de érzi yǒusān bǎ jítā	Our son has three guitars
Ming xǐhuān tīng xiǎotíqín	Ming likes to listen to the violin
Tā dàn gāngqín	He plays the piano
Wǒ yòng xiàngjī	I use the camera
Wǒ zhèngzài kāichē	I am drawing a car
Zhàopiàn hěn piàoliang	The photograph is beautiful
Zhè wèi yīnyuè jiā yǒu hěnduō péngyǒu	The musician has a lot of friends
Tā xǐhuān wénxué	He likes the literature
Wǒ de shūshu xǐhuān jiànzhú	My uncle loves architecture
Xiàngjī	The cameras

Tā zhèngzài pāizhào	He is taking photographs
Liǎng wèi yīnyuè jiā zhèngzài yǎnchū yī bùzhe míng de zuòpǐn	The two musicians are playing a famous work

TRAINING TIME

Zhè wèi yīnyuè jiā zhèng dàizhe tā de xiǎotíqín lái	The musician is coming with her violin
Zài wǔtái shàng	On stage
Tā bù xǐhuān pīpíng	He does not like criticism
Zhè shì yīgè guānyú gǒu de xìliè	It is a series about a dog
Tā xǐhuān xiě shī	She loves writing poems
Wǒ zǒng shì chànggē	I always sing
Nǐ dehuà hěn měi	Your words are beautiful
Wǒ zhèngzài xiě yī shǒu shī	I am writing a poem
Niǎo er chànggē	The birds sing
Wǒ bùshì pīpíng jiā	I am not a critic
Tā chàng dé hěn hǎo	She sings very well
Zhège xìliè shì zuìjìn de	This series is very recent

TRAINING TIME

STORY MODE

CHINESE

"Zhè shì yī fú měilì de huà, wǒ bù zhīdào nǐ shì yī wèi yìshùjiā:"Ma pínglùn dào.

"Méiyǒu nǐ xiǎngxiàng dì nàme duō, dànshì wǒ de mèimei shì," āi lǐ kè huídá dào.

"Tā xǐhuān huìhuà, wénxué hé yīnyuè. Tā de shīgē biǎoyǎn zǒng shì chōngmǎnle yāyùn hé jiézòu. Nǐ yǒu kòng de shíhòu yīnggāi kàn jiémù.

Lìng yī fāngmiàn, guānyú wǒ de wéiyī yìshù shì wǒ kěyǐ yǎnzòu dīyīn hé diàn jítā, wǒ bùshí cānjiā yī liǎng gè wǎncān, yǐ liǎojiě zhēnzhèng de yìshùjiā."

ENGLISH

"It's a beautiful painting, I did not know you were artistic:" commented Ma.

"Not as much as you think, but my sister is." Qiang replied.

"She loves drawing, literature and music, and her poetry shows are always filled with rhymes and rhythms, you should see a show when you have the time.

On the other hand, the only artistic thing about me is that I can play both bass and electric guitar, and from time to time, I like to attend one or two dinners to meet real artists."

Chapter 8

MEASURES

Keywords: Zhòngliàng, sùdù, shēng, dūn, límǐ, qiānkè, gōngzhì, tǐjī, kuāndù, dàxiǎo, gāodù, chángdù.

Shēndù	Depth
Gāodù	Height
Yī dūn yīqiān gōngjīn	There are a thousand kilos in a ton
Yī mǐ yībǎi límǐ	There are one hundred centimeters in one meter
Zuìduō yǒu èrshí gōnglǐ	There are twenty kilometres at most
Wǒ yǒuyī shēng pútáojiǔ	I have one litre of wine
Chuán de chángdù fēicháng bùtóng	The lengths of the boats are very different
Lìng yī límǐ	Another centimeter
Tā chīle hěnduō yú	He eats tons of fish
Zhè jiārén měi zhōu hē jǐ shēng niúnǎi	The family drinks several litres of milk per week
Wǒjiā hé bàngōngshì zhī jiān dàgài yǒuyī gōnglǐ	There is about one kilometer between my house and my office
Tā chīle sān fēn zhī yī de dàngāo?	He eats one third of the cake?
Tā xiǎng yào yībàn de dàngāo	He wants half of the cake
Sì shì liǎng cì liǎng cì	Four is two times two
Nǐ de tǐzhòng shì duōshǎo?	What is your weight?
Tā de chǐcùn shì duōshǎo?	What size is it?
Mén de kuāndù shì bāshí límǐ	The width of the door is eighty centimeters
Shēndù hěn zhòngyào	The depth is important

Nǐ shénme chǐcùn?	What is your size?
Nǐ xiǎng yào wǒ de yībàn píngguǒ ma?	Do you want half of my apple?
Bā shì liǎng bèi sì	Eight is two times four
Tā shì yīgè jīdàn de dàxiǎo	It is the size of an egg
Zài gébì de fángjiān lǐ	In the next room

TRAINING TIME

Fángjiān yǒu zhèngfāngxíng de xíngzhuàng	The room has the shape of the square
Zhè duì wǒ lái shuō dōu shì yīyàng de	It is all the same to me
Shénme shì xīn de sùdù?	What is the new speed?
Wǒ de jiǔ jiào li yǒusān lìfāng mǐ de mùchái	My cellar contains three cubic meters of firewood
Zhèxiē shì fāngmiàn	These are the sides
Zhèngfāngxíng de biān shì xiāngděng de	The sides of a square are equal
Zhè shì yī běn liǎng juǎn de xiǎoshuō	It is a novel in two volumes
Wǒjiā de gāodù shì qī mǐ	The height of my house is seven metres

STORY MODE

CHINESE

"Fādòngjī yùnzhuǎn de sùdù yǒu duō kuài?" Yǐnfà gōngchéngshī Makkonen jiàoshòu zài àilìshè dàqiáo shàng cèshì tā de zuìxīn fāmíng shí wèn dào.

"Jiǔ gè zhèngfāngxíng hé sān gè zhèngfāngxíng." Tā de zhùshǒu shuō názhe yīgè dàxíng chēsù biǎo.

"Hǎibá 8 gōnglǐ de gāodù hé zhòngliàng yāoqiú shì duōshǎo?"

"Sì dào shí yīngchǐ, xiānshēng."

"Hǎo de, zhè hěn hǎo. Xiànzài, qián yīgè de zhòngliàng shì duōshǎo?" Makkonen jiàoshòu wèn dào.

"Tā tōngcháng qǔjué yú tā de kuāndù hé tā hányǒu de shuǐliàng. Zài zhè yīdiǎn shàng, liǎng zhě jīhū xiāngděng; liùshí'èr dào liùshíwǔ bàng," zhùlǐ jiěshì dào.

"Shì de, dàn tā xiāohàole qí qiánshēn de sān fēn zhī yī, dàn tā de zǒng jùlí gèng zhǎng:90 Límǐ dào 2 mǐ, bù xiàng wǔshí límǐ dào yī mǐ, suǒyǐ yǒu qūbié," jiàoshòu shuō.

Zhùlǐ ná chū bǐjìběn, lǎocǎo dì xiěle yīxiē shùzì.

ENGLISH

"How fast does the engine run?" asked Professor Makkonen, the silver-haired engineer, while testing his latest invention on the Elysee bridge.

"Nine- and three-square knots." said his assistant, who was holding a large speedometer.

"What are the height and weight requirements for a depth of eight kilometers below sea level?"

"Four tons and ten feet, sir."

"OK, it's good. Now, how much does it weigh compared to the previous one?" Professor Makkonen asked

"It usually depends on its width and the amount of moisture it contains, and on this point, the two are almost equal; sixty-two to sixty-five pounds," the assistant explained.

"Yes, but it consumes a third of the power of its predecessor, but it also has a greater total distance: ninety centimeters to two meters, unlike fifty centimeters to one meter, so there is a difference." said the proffessor.

The assistant took out his notebook and scribbled some figures.

Chapter 9

MEDICAL

Keywords: Zhěnsuǒ, huànzhě, yīshēng, jiànkāng, shǒushù.

Shǒu	The hand
Bízi	The nose
Ěrduǒ	The ear
Shǒubì	The arm
Yǎn	The eye
Shēntǐ	The body
Jiǎo	The foot
Zuǐ	The mouth
Bèibù	The back
Zhèxiē dōu shì Wǒmen de tóunǎo	These are our heads
Yīshēng	The doctor
Tā de xīnzàng hěn zāogāo	His heart is bad
Tā hěn nán zhǎodào nǐ	He had a hard time finding you
Tāmen bìngle	They are sick
Tā tóu hěn xiǎo	She has a small head
Nà shì wǒ de shǒu	That is my hand
Shì huài háishì wéixiǎn?	Is it bad or dangerous?
Tāmen bìngle	They are sick
Tā de yǎnjīng shì lán sè de	Her eyes are blue
Tā de zuǐ hěn dà	He has a big mouth
Nà bùshì wǒ de niánlíng	That is not my age
Wèishéme zhège cāozuò?	Why this operation?
Wǒ érzi de niánlíng hěn xiǎo	My son is small for his age
Xuè shì hóngsè de	The blood is red
Wǒ shìfǒu xūyào dòng shǒushù?	Do I need an operation?
Wǒmen túbù qù shàngbān	We go to work on foot

Ránhòu tā zhāng kāi zuǐ	Then she opened her mouth
Tā yǒu liǎng gè zuǒ jiǎo	He has two left feet
zhè shì zuìdī niánlíng	It is the minimum age
Tā de tuǐ hěn zhǎng	Her legs are long
Tā de étóu hěn dà	His forehead is big
Tā de zuǐchún shì lán sè de	Her lips are blue
Nǐ de liǎnhóngle	Your face is red
Wǒ wén dàole bízi de wèidào	I smell with my nose

TRAINING TIME

Jiànkāng	Health
Dànǎo	The brain
Yáyī	The dentist
Yīyuàn	The hospital
Jǐng bù	The neck
Yīshēng	The doctor
Tā de pífū hěn róuruǎn	Her skin is soft
Wǒ yǒu dà shǒuzhǐ, suǒyǐ wǒ bùnéng shǐyòng xiǎo jiànpán	I have big fingers, so I cannot use a small keyboard
Nǐ de étóu hěn tàng	Your forehead is hot
Tā de liǎn hěn piàoliang	She has a very pretty face
Wǒ tuǐ téngle	I have a sore leg
Wǒ de pífū gānzào	I have dry skin
Nà wèi nǚshì yòng shǒuzhǐ chīzhe	The lady ate with her fingers
Tā yǒu liǎng tiáo tuǐ	She has two legs
Wǒ yòng dāo qiē le shǒuzhǐ	I cut my finger with a knife
Tā de pífū hěn lěng	His skin is cold
Háizi zhèngzài chū yá	The child is teething

Tā de bìng hěn yánzhòng	Her illness is serious
Fēngxiǎn tài dàle	The risk is too great
Wǒ yǎn lǐ hánzhe lèishuǐ	I have tears in my eyes
Wǒ de yǐnshí hěn nán	My diet is hard
Wǒ gǎndào bózi shàng yǒu fēng	I feel the wind on my neck
Yī kē yáchǐ, liǎng kē yáchǐ	One tooth, two teeth
Tā zhèngzài jiéshí	He is on a diet
	My mother was in tears

TRAINING TIME

Tā shīmíngliǎo	He lost his sight
Tā de xiōngbù shì hóngsè de	His chest is red
Nǐ de hóulóng fà hóng	Your throat is red
Nǐ gēgē shì yīshēng	Your brother is a doctor
Tā de ěrduǒ téng	His ears hurt
Tāmen liǎ dōu shì yīshēng	Both of them are doctors
Tā yǒu bìngdú	She has a virus
Nà zhī lǎohǔ pímáo hěn guāngzé	That tiger has shiny fur
Tā shì yī míng yīshēng	She is a medical doctor
Huànzhě niánjì dàle	And the patients are old
Gǔtou shì báisè de	The bone is white
Dànǎo fēicháng mǐngǎn	The brain is very sensitive
Wǒmen de bìngrén qíngkuàng xiāngtóng	Our patient is in the same condition
Yīxué shàng zuò dé hěn zāogāo	Medicine is doing badly
Wǒmen zài yàofáng mǎi yào	We buy medicine at the pharmacy
Wǒguò dé hěn hǎo	I have a good life
Xīnzàng shì qìguān	The heart is an organ

Wǒ de jiānbǎng téngtòng	I have pain in my shoulder
Tā dǎsuàn zīxún tā de zhàngfū	She is going to consult her husband
Zhīqián, wǒ de liǎnjiá hóngle	Before, my cheeks were red
Wǒmen tán dàole wǒmen de shēnghuó	We spoke about our lives
Nǐ bìxū fúyòng yàowù	You must take your medication
Wǒ dé qù yàodiàn	I have to go to the pharmacy
Zhè míng hùshì zài nà jiā zhěnsuǒ gōngzuò	This nurse works in that clinic
Bàoqiàn nǐ de jiǎohuái	Sorry for your ankle
Wǒ de zhǐjiǎ hěn duǎn	My nails are short
Zhè zhǒng jīròu téng	This muscle hurts
Nǐ zài shuìjiào de shíhòu zhǎng dà	You grow while you sleep
Wèi shì qìguān	The stomach is an organ
Wǒ dé qù kàn yáyī	I have to see a dentist
Háizi zhèngzài chéngzhǎng	The child is growing
Wǒ bìxū bǎohù wǒ de jiǎohuái hé jiǎo	I have to protect my ankles and my feet
Wǒ xiǎng tā yǐ chéngwéi yī míng hùshì	I think he has become a nurse

TRAINING TIME

STORY MODE

CHINESE

Ma: "Nǐ wèishéme chuǎn bùguò qì lái?"

Mei: "Wǒ zǒu dé hěn kuài."

Ma: "Wèishéme, kǎolǜ dào nǐ de shòushāng, zhè bùshì yīgè hǎo zhǔyì."

Mei: "Wǒ de xiōngbù zài ránshāo, suǒyǐ wǒ hěn kuài jiù huì dào yàofáng jìnxíng zìwǒ zhìliáo."

Ma: "Ó, dàn nǐ shénme shíhòu chéngwéi yīshēng? Wèishéme bù qù yīyuàn?"

Mei: "Yīnwèi wǒ bù xǐhuān yīyuàn de qìwèi, tā huì cìjī wǒ de bízi, wānqū wǒ de dùzi...... Dàochù dōu yǒu hěnduō bìngrén, yǒushí wǒ dānxīn kōngqì zhòng de bìngdú."

Ma: "Wǒ néng lǐjiě zhè yīdiǎn. Zài qùnián xīnzàng shǒushù zhīqián, wǒ de shūshu jìxù shuōle lèisì dehuà. Tā xūyào yīgè juānzèng qìguān, dàn xiànzài tā yǐjīng sǐle."

Mei: "Nǐ zǒng shì yào jiǎng yīgè kěpà de gùshì, duì nǐ de shūshu bàoqiàn."

Ma: "Wǒ wèi nǐ de jiǎohuái gǎndào nánguò. Bié dānxīn, yīqiè dūhuì hǎo de. Yīdìng yào chī yào, yuǎnlí zìxíngchē yīduàn shíjiān."

ENGLISH

Ma: "Why are you out of breath?"

Mei: "I was walking very fast."

Ma: "Why, it's not a good idea, considering your injury."

Mei: "I felt a burning sensation in my chest, so I rushed to the pharmacy for self-treatment."

Ma: "Oh, but when did you become a doctor? and why not go to the hospital instead?"

Mei: "Because I do not like the smell of hospitals, it irritates my nose and bends my stomach ... Moreover, there are so many patients everywhere, and sometimes I'm afraid that there is a virus in the air."

Ma: "I can understand, my uncle continued to say similar things until the operation on his heart last year, he needed a donor organ, but there was none, so now he is dead."

Mei: "You always have a horror story to tell, sorry for your uncle."

Ma: "Sorry for your ankle too, and do not worry, everything will be fine, make sure you take your medicine and stay away from the bikes for a while."

Chapter 10

POLITICS

Keywords: Mínzhǔ, dǎng, zǒngtǒng, yùsuàn, quánlì, tóupiào, xuǎnjǔ, shì zhǎng, shuìshōu, fǎlǜ, zhèngfǔ.

Jūnduì	The army
Zìyóu	The liberty
Jīngjì	The economy
Zhèngfǔ	The government
Fǎlǜ	The law
Měi gè shèhuì dōu yǒu zìjǐ de fǎlǜ	Each society has its laws
Jīngjì fāzhǎn duì gāi guó hěn zhòngyào	Economic development is important for that country
Zhège guójiā fǎnduì zhànzhēng	This country is against war
Guówáng yǒu quánlì ma?	Does the king have power?
Zhè shì nǐ de quánlì	It is your right
Nǐ yǒu quánlì	You have rights
Tā méiyǒu rènhé quánlì	He does not have any powers
Zài suǒyǒu shèhuì zhōng bìngfēi zǒng shì rúcǐ	This is not always the case in all societies
Zǒngtǒng yǔ zhèngfǔ huìtán	The president talks to the government
Zhè shì yīgè hěn hǎo de xiéyì	It is a good agreement
Rénmín dǎng	The party of the people
Rénmen xǐhuān zìyóu	The people like freedom
Tā zài pàiduì shàng	He is in a party
Jīngjìwēijī	The economic crisis
Ānjìng de gémìng	The quiet revolution
Yuányīn shì ānquán	The reason is security
Nà shì zhèngyì ma?	Is that justice?
Zhèngcè	The policies

Tā wèi bǎowèi zìjǐ de guójiā ér gōngzuò	She works for the defense of her country

TRAINING TIME

Zhè shì yī xiàng zhèngcè	It is a policy
Ānquán hěn zhòngyào	Safety is important
Fāzhǎn, zhèngyì, zìyóu	Development, justice, freedom
Bùzhǎng jīntiān shàngwǔ fābiǎole zhòngyào jiǎnghuà	The minister has made a major speech this morning
Wǒmen zhàn duōshù	We are the majority
Wǒmen bùyào bàolì	We do not want violence
Zhè shì zuìdà de fǎnduìdǎng	It is the biggest opposition party
Ōuzhōu bùzhǎng zài nàlǐ	European ministers are there
Tā shì fǎnduì pài de yīfāng	It is a party of the opposition
Zhège guójiā jīhū méiyǒu bàolì	There is almost no violence in this country
Dà duōshù rén dōu hàipà	The majority is afraid
Zhè wèi nǚshì zài fǎnduì pài zhōng	This lady is in the opposition
Zài nàgè chéngshì, jīhū méiyǒu bàolì	In that city, there is almost no violence
Hòuxuǎn rén	The candidates
Gāi zǔzhī	The organization
Xuǎnjǔ shì míngtiān	The election is tomorrow
Wǒ jiāng chéngwéi shì zhǎng	I am going to be mayor
Yùsuàn fēicháng zhòngyào	The budget is very important
Wǒ zài zhèlǐ chánghuán zhàiwù	I am here to pay a debt

Chōngtú chíxùle sānshí nián	The conflict lasts thirty years
Wǒmen yǒuyī bǐ róngyù zhàiwù	We had a debt of honor
Tā shì shì zhǎng ma?	Is he the mayor?
Zhè shìzhèngquè de cèlüè ma?	Is it the right strategy?
Shénme shì guójiā?	What is a nation?
Shì zhǎng zài shì zhèng tīng	The mayor is in city hall

TRAINING TIME

Nà jiàn shì shǐ tā chéngmíng	That event made him famous
Zhè shì yī chǎng zhànzhēng zuì	It is a war crime
Wǒmen yào nàshuì	We have to pay tax
Guómín yìhuì zài bālí jǔxíng	The national assembly is in Paris
Wǒ bìxū jiǎo shuì	I have to pay my taxes
Zhànlüè jiāng shì guójiā de	The strategies will be national
Wǒ zhīdào gèng kuàilè de shìqíng	I had known happier events
Shìwēi shì chénggōng de	The demonstration is a success
Méiyǒu tóupiào quán	There is no vote
Tā shì cān yìyuán ma?	Is he a senator?
Tā yǐjīng zúgòu tóupiàole	She is old enough to vote
Wǒmen xiāngxìn mínzhǔ	We believe in democracy
Tā zài yìhuì li yǒu hěnduō péngyǒu	He has a lot of friends in the parliament
Yìdàlì shì mínzhǔ guójiā	Italy is a democracy
Shìwēi yǐjīng kāishǐ	The demonstration has begun
Yìhuì gèng qiángdà, yīncǐ bìxū gèng fù zérèn	Parliament is more powerful, it must therefore be more responsible

Zhè shì dà duōshù rén de tóupiào	This is the vote of the majority
Tā shì cān yìyuán	He is a senator
Tā zhǐhuī	She conducts
Wǒmen bìxū wèi zìyóu ér zhàn	We have to fight for our freedom
Tā jīngyíngzhe tā de jiārén	She runs her family
Tā zhèng qiánwǎng bālí	He is heading for Paris
Wǒ bùnéng dāndú yǔ shì zhǎng de zhèngzhì zuò dòuzhēng	I cannot fight against the mayor's politics all alone
Tā guǎnlǐzhe yījiā cānguǎn, shòudào suǒyǒu rén de zūnzhòng	He manages a restaurant and is respected by all

TRAINING TIME

STORY MODE

CHINESE

"Wǒ cónglái méiyǒu lǐjiě jūnzhǔ zhì de zhèngfǔ zhìdù." Ní kē shuō: "Wèishéme guówáng, zǒnglǐ hé zǒngtǒng tóngshí tǒngzhì? Guówáng yǒu tèshū quánlì, háishì língjià yú fǎlǜ zhī shàng?"

"Wǒ zhēn de bù liǎojiě zìjǐ, dàn wǒ rènwéi jūnzhǔ de juésè shì guójiā quánlì de wùzhí biǎoxiàn, suǒyǒu gōngzuò dōu yóu zǒnglǐ huò zǒngtǒng wánchéng," mǐ nà shuō.

"Shuō dào zǒngtǒng, měiguó yǒu yīgè xīn de." Tā shuō, huīwǔzhe bàngqiú mào, shàngmiàn xiězhe M.A.S.A.

"Zhège rén méiyǒu shé me kěyǐ chéngwéi zǒngtǒng. Tā bù zūnzhòng nǚxìng. Méiyǒu zhèngjù biǎomíng tā huì nàshuì. Tā zhǐshì duì shèhuì de wéixiǎn." Mǐ nà shuō.

"Zuótiān de xuǎnjǔ bèi cāozòngle. Rúguǒ zhège shìjiè yǒu zhèngyì, tā yǐ bèi qǔxiāole."

"Wǒ bù tóngyì, tā zhǐshì yǒu yīgè gèng hǎo de cèlüè." Nī kě shuō. "Wǒ xiāngxìn mínzhǔ, tā jiāng quánlì fùyǔ rénmín de xuǎnpiào. Jiéguǒ shì gōngzhòng yúlùn de shēngyīn. Měiguó xiànzài yǒule yīgè xīn de fāngxiàng, zhè shì yī chǎng fǎnduì xiànzhuàng de gémìng."

ENGLISH

"I have never been able to understand the monarchy system of government." said Ma. "Why is there at the same time a king, a prime minister and a president? Does the king have special powers or is he above the law?"

"I do not really understand myself, but I guess the monarch's role is to be the physical manifestation of a country's power, all the work is done by the prime minister or the president." said Mei.

"Speaking of presidents, America has a new one." he said, brandishing a baseball cap with the letters M.A.S.A sewn on it.

"The man has nothing to offer as president, he has no respect for women, and there is no proof that he pays his taxes, he is simply a danger to society." said Mei.

"Yesterday's election was rigged, and if there is justice in this world, it would already be canceled."

"I do not agree, he just had a better strategy." said Ma. "I believe in democracy, which puts power in the votes of the people. The results are the voices of popular opinion. America now has a new direction, which is a revolution against the status quo."

Chapter 11

EDUCATION

Keywords: Semestre, curso, escuela, lápiz, lecciones, estudios, universidad, conceptos, escuela, estudiantes.

Xuéshēng	The student
Xuéxiào	The school
Túshū guǎn	The library
Dǎoyǎn	The director
Wǒ zài bānjí	I am in the class
Zhè mén kè hěn nán	This course is very difficult
Zhè xiàng yánjiū fēicháng zhòngyào	This study is very important
Tā cóngshì jiàoyù gōngzuò	He works in education
Háizimen dōu shì hào xuéshēng	The children are good students
Tā bù xǐhuān shàngxué	He has not liked school
Tā xūyào wánchéng xuéyè	He needs to complete his studies
Xuéshēngmen zhèngzài hē pútáojiǔ	The students are drinking wine
Wǒ dé dúshūle	I have to study
Wǒ érzi shàng zhōngxué	My son is in secondary school
Tā qùle liǎng suǒ dàxué	She goes to two universities
Zhēnzhèng de zhìlì duànliàn	A true intellectual exercise
Zhè shì yīgè hěn hǎo de túshū guǎn	This is a good library
Wǒ shì yī míng xuéshēng	I have been a student
Yǒuxiē xuéshēng hējiǔ	Some students drink wine
Wǒ gēgē shì xuéshēng	My brother is a student
Wǒ de jìhuà shì zài àodàlìyǎ xuéxí	My plan is to study in Australia

Wǒmen biānxiě jiǎoběn	We write scripts
Wǒ diūle qiānbǐ	I have lost my pencil
Wǒmen měitiān yǒu liù jié kè	We have six lessons per day
Zhè zhǒng chángshì hěn hǎo	The attempt is good

TRAINING TIME

Kèchéng	The course
Tā jiēshòuguò jīngdiǎn xùnliàn	He has had a classical training
Zhè shì tā de miáoshù	This is her description
Zhè shì tā de dì yī gè xuéqí	It is his first semester
Tā zhèngzài gǎijìn tā de táicí	He is improving his lines
Dì èr kè hěn róngyì	The second lesson is very easy
Yǒu sānshí zhī qiānbǐ hé shí gè háizi	There are thirty pencils and ten children
Fúwùyuán shì chū xuézhě	The waiter is a beginner
Zuìhòu, wǒ tōngguòle kǎoshì	Finally, I passed the exam

STORY MODE

CHINESE

Bo: "Zài mǒu zhǒng chéngdù shàng, wǒ zǒng shì zhīdào wǒ huì zài túshū guǎn lǐ zhǎodào nǐ."

Mei: "Wǒ bìxū zài zhèlǐ. Wèile huòdé éwài de xuéfēn, wǒ bàomíng cānjiāle yīgè yìngyòng chéngxù kāifā kèchéng, zhè yìwèizhe wǒ bìxū tōngguò yīgè míng wèi" yìngyòng chéngxù kāifā yuánzé "de tuījiàn wénběn bìng zài běn zhōu jìnxíng cèshì."

Bo: "Wǒ zhīdào, zhè duì nǐ yǒu hǎochù. Dàn wǒ yànjuànle shàngxué, wǒ kěnéng bù qù shàngkè."

Mei: "Wǒmen bù zài shàng gāozhōngle; měi gè bānjí dōu bìxū rènzhēn duìdài."

Bo: "Hái yǒu shé me?"

Mei: "Zhè bù míngxiǎn ma? Huòzhě nǐ huì shībài."

Bo: "Shuō shíhuà, wǒ gèng xǐhuān jīngyíng jiāzú qǐyè, dàn wǒ de fùqīn jiānchí rènwéi wǒ bìxū xiān wánchéng xuéyè. Dāngdài dàxué jiàoyù duì wǒ lái shuō bu shì hěn zhòngyào, suǒyǐ wǒ zhēn de bùpà F."

Mei: "Wǒ lǐjiě nǐ, dàn wǒ bù tóngyì nǐ duì jiàoyù jiàzhí de kànfǎ: Jiàoyù shì fāzhǎn shèhuì de guānjiàn, suǒyǐ bìxū rènzhēn duìdài."

ENGLISH

Bo: "In a way, I knew I would find you in the library."

Mei: "I have to be here. For an extra credit, I signed up for an application development course, which means I have to go through a recommended text called" Application Development Principles "and take a test this week."

Bo: "I see, it's good for you. But i'm tired of school, and it's very likely that I will not go to the next class."

Mei: "We are no longer in high school; every lesson must be taken seriously."

Bo: "Or what?"

Mei: "Is it not obvious? or you'll fail."

Bo: "To be honest, I prefer to run the family business, but my father insists that I have to finish my studies first. Contemporary university education is not very important to me, so I'm really not afraid of an F."

Mei: "I understand where you come from, but I do not agree with your point of view on the value of education: education is the key to developing a society, so it must be taken seriously."

Chapter 12

IMPERATIVES

Keywords: Tíngzhǐ, wàngjì, jiēshòu, qīngtīng, shuōhuà, gǎibiàn, bì zuǐ, zuò, kàn, xiě.

Zǒu	Go
Xiǎngxiàng yīxià nǐ shì duì de	Imagine that you are right
Bùyào fāchū tài dà de zàoyīn	Do not make so much noise
Bùyào zài wǒ de dìngdān qián pāishè	Do not shoot before my order
Bǎ zhège wèntí shì wéi yīgè jīhuì	Look at this issue as an opportunity
Wǒmen zǒu ba	Let's walk
Bùyào kāi qiāng	Don't shoot
Gēnghuàn guāngpán	Change the disc
Zuò sānmíngzhì	Make the sandwiches
Xiǎngxiàng yīxià, nǐ yǐjīng èrshí suìle	Imagine that you are twenty years old
Qù gōngyuán	Go to the park
Wǒmen zuò gè shālā ba	Let's make a salad
Bǎ xiǎoshuō fàng zài zhuōzi shàng	Put the novel on the table
Xuǎnzé qízhōng yīgè	Choose one or the other
Suíshí suídì lái	Come whenever you want
Kàn kàn nǐ zuòle shénme	Look what you did
Xiàng tāmen fāsòng jìhuà nèiróng	Send them what was planned
Wàngle nàgè nǚhái	Forget that girl
Ràng wǒ jiěshì	Let me explain
Jīn wǎn gěi wǒ fā xiāoxī	Send me a message tonight
Kàn xià yī yè	Look at the next page
Bùyào lái zhèlǐ	Do not come here
Dài shàng nǐ érzi de màozi	Put on your hat my son

Xuǎnzé yīgè pánzi	Choose a plate
Qǐng ràng wǒmen shuō yījù	Please let us say a last word

TRAINING TIME

Tíngzhǐ	Stop
Bùyào bù kāixīn	Don't be unhappy
Shǎo chī miànbāo	Eat less bread
Tīng tīng nǐ zìjǐ	Listen to yourself
Wǒmen lái hē chá ba	Let's drink tea
Pǎo, nǐ chídàole	Run, you are late
Qiánjìn shí bù	Go forward ten steps
Chī cǎoméi	Eat the strawberries
Ràng wǒmen jiānqiáng	Let's be strong
Tīng wǒ de péngyǒu	Listen my friend
Wǒ de érzi, hē nǐ de niúnǎi	Drink your milk, my son
Bié zhèyàng kànzhe wǒ	Stop looking at me like that
Jìxù, dēng shì lǜsè de	Go on, the light is green
Wǒ shuōhuà shí bǎochí ānjìng	Be quiet when I speak
Bǎ nà zhǐ gěi wǒ	Give me that paper
Ná zǒu shǔyú nǐ de dōngxī	Take what belongs to you
Zài zhèlǐ xiě xià nín dì dìzhǐ	Write your address here
Gàosù wǒ, nǐ liàn'àile ma?	Tell me, are you in love?
Qǐng yuánliàng wǒmen chídàole	Excuse us for being late
Bù dú zhèyàng de shū	Do not read such a book

TRAINING TIME

STORY MODE

CHINESE

Ma: "Duìbùqǐ, wǒ cuòguòle dì yī bān huǒchē. Wǒ gǎn shàngle lìng yī liàng huǒchē. Cǐwài, wǒ rènwéi qián wǔ fēnzhōng bìng bù chóng yào."

Zhu: "Xià yīcì, wǒ huì yīgè rén qù."

Ma: "Wǒ míngbái, wǒ huì péicháng nǐ."

Zhu: "Dāngrán, qǐng cóng zhè fèn qīngdān zhòng xuǎnzé bìng gàosù wǒ nǐ xiǎng rúhé kāishǐ."

Bǎ wǒmen de cài xǐ jìng yīgè xīngqí.

2. Bǎochí chénmò yī xiǎoshí.

3. Xiě yī piān wénzhāng jiěshì wèishéme nǐ yǒngyuǎn bù huì chídào.

Gěi wǒ xuéxí zhōngwén de jiǎndān fāngfǎ, dì 2 juǎn.

Wàngle kàn diànshì yīgè xīngqí.

6. Hé wǒ yīqǐ pǎo sāncì.

7. Bǎ nǐ suǒyǒu de yuè shōurù gěi wǒ.

8. Měitiān gěi wǒ fā yītiáo duǎnxìn, shuō "hēi, wǒ ài nǐ", zhídào yuèdǐ.

9. Měi cì wǒ hé pàtèlǐkè yīqǐ dǎ NBA, ràng wǒ quánlì yǐ fù....

ENGLISH

Ma: "Excuse me, I missed the first train and I had to catch another one, besides, I do not think the first five minutes count a lot".

Zhu: "Next time, I'll start alone."

Ma: "I understand, I'll compensate you."

Zhu: "Definitely, choose from this list and tell me how you want to start."

1. Wash our dishes for a week.

2. Remain silent for one hour.

3. Write an essay that explains why you will never be late again.

4. Buy me The Simple Way To Learn Spanish, volume two.

5. Forget about television for a week.

6. Run three times a week with me.

7. Give me all your monthly income.

8. Send me a text message that says 'Hi, I love you' every day, until the end of the month.

9. Let me play all your free throws every time you play NBA with Patrick.

Chapter 13

SCIENCE

Keywords: Jìshù, zhíchēng, jìsuàn, fāmíng, fēnxī, gōngshì, yánjiū, gōngnéng, wùzhí, lǐlùn.

Quānzi	The circle
Qìfēn	The atmosphere
Wǒ fāxiànle yīgè	I made a discovery
Wǒ zàixiàn	I am online
Yuánliào hěn shǎo jiàn	The raw material is rare
Sōusuǒ shì quánqiú xìng de	The search is global
Zhè bùshì wǒ de qiángxiàng	It is not my strong point
Néngliàng láizì tàiyáng	The energy comes from the sun
Lǐlùn shàng, shì de	In theory, Yes
Gāi shèbèi de gōngnéng hěn jiǎndān	The function of this equipment is simple
Xiàntiáo zěnme yàng?	How are the lines?
Wǒ yǒuyī jiàn hēibái diǎn de chènshān	I have a shirt with black and white dots
Zhè shì yī zhǒng dàliàng de néngliàng	This is a large quantity of energy
Wǒ xǐhuān wùlǐ kēxué	I like the physical sciences
Nǐ kěyǐ jiěshì yīxià zhège gōngshì	You can explain the formula
Tā kāishǐ fēnxī	She starts the analysis
Wǒ bù xǐhuān nǐ de fāngfǎ	I do not like your methods
Tāmen de fēnxī hěn hǎo	Their analyses are good
Kēxué hěn zhòngyào	Science is important
Gāi fāngfǎ jùyǒu liǎng gè yōudiǎn	This method offers two advantages
Tā shì zhè zhǒng yào de pèifāng	It is the formula of this medicine
Kēxué bìng bù wánměi	Science is not perfect
Fēnxī fēn liǎng gè jiēduàn jìnxíng	The analysis is done in two stages

TRAINING TIME

Wēndù xiàjiàng	The temperature drops
Zhè shì yīgè guīmó wèntí	It is a question of scale
Yuánquān shì hóngsè de	The circle is red
Kēxuéjiā	The scientist
Tā zhīdào zìjǐ de jíxiàn	She knows her limits
Jīn wǎn shì sān dù	It is three degrees this evening
Zhè bùshì yī xiàng fāmíng	It is not an invention
Wǒ bìxū zhīdào	I must know it
Yuán de bànjìng	The radius of the circle
Tā bù xǐhuān shùxué	He does not like mathematics

STORY MODE

CHINESE

J.D Moneyfella: "Zhè yǒuyòng ma? Duì wǒ lái shuō sìhū bù tài kěnéng."

Professor Makkonen: "Zài mǒu zhǒng chéngdù shàng, shì de."

J.D Moneyfella: "Nǐ xiāngxìn nǐ de fǎ míng yǒu zhù yú shíxiàn tā ma?"

Professor Makkonen: "Méiyǒu shé me shì bù kěnéng de. Wǒ rènwéi wǒmen xiànzài yǒngyǒu héshì de jìshù. Gēnjù wǒ de jìsuàn, wǒmen hái xūyào yuáncáiliào, rú yánjiū lùnwén suǒ shù."

J.D Moneyfella: "Wǒ bù huáiyí nǐ de zhīshì, dàn dào mùqián wéizhǐ, wǒmen suǒ zuò de zhǐshì ràng wèntí biàn dé gèng zāo. Wǒmen yòu chóngxīn kāishǐle. Zài zhè yīdiǎn shàng, jíshǐ duì nǐ lái shuō, lǐjiě yěshì yǒuxiàn de."

Professor Makkonen: "Dàn xiānshēng, zhège gōngshì xiǎnshì hái yǒu hěnduō qítā fāngfǎ kěyǐ tànsuǒ tā."

J.D Moneyfella: "Wǒ duì shùxué bùgǎn xìngqù, jiàoshòu.

ENGLISH

J.D Moneyfella: "Is it going to work this time? It does not seem possible to me."

Professor Makkonen: "To a certain extent, yes."

J.D Moneyfella: "And do you believe that your invention will help to reach it?"

Professor Makkonen: "Sir, nothing is impossible with science, I think we have the right technology now, according to my calculations, we will also need raw materials, as described in the research paper."

J.D Moneyfella: "I do not doubt the extent of your knowledge, but so far, all we have done is circulate the problem. We are where we started. At this point, it is safe to say that there are limits to our understanding of the subject, even for you."

Professor Makkonen: "On the contrary, sir, this formula suggests that there could be many other ways to explore it."

J.D Moneyfella: "Mathematics does not interest me, Professor, it will never be the case."

Chapter 14

TRANSPORT

Keywords: Fēixíng, hùzhào, chéngkè, zhàn, shìgù, jiāsùdù, dìtiě, fēijī, mótuō chē, huǒchē, lǚxíng.

Gōngjiāo chē	The bus
Chūzū chē	The taxi
Chēzhàn	The station
Nàgè fēijī	The airplane
Huǒchē	The train
Mótuō chē	The motorcycle
Dǎoyóu	The guide
Dìtiě	The subway
Diànjī	The motor
Yīgè jīchǎng	An airport
Hùzhào	The passport
Lǚxíng yúkuài	Have a good trip
Chuán yán hé ér xià	The boat goes down the river
Zhè liè huǒchē zài nǎlǐ?	Where is this train going?
Zhè liàng chē yǒu yīgè xīn fādòngjī	The car has a new engine
Qù lúndūn de huǒchē zài nǎlǐ?	Where is the train to London?
Sān lèi chuán	Three classes of boats
Chēzhàn zài nǎ?	Where is the station?
Zhè cì lǚxíng hěn zhǎng?	The trip is long?
Húshàng yǒu jǐ sōu chuán	A few boats are on the lake
Wǒ fēi	I fly
Nǐ zhīdào zěnme kāichē ma?	Do you know how to drive?
Wǒ de chìbǎng zài nǎlǐ?	Where are my wings?
Mótuō chē shì huángsè de	The motorcycle is yellow
Wǒ cóng jīchǎng bùxíng	I walk from the airport
Wǒ de fēijī fēi wǎng fàguó	My plane is flying to France

Dírén fēiguò jǐngguān	The enemies fly over the landscape
Wǒ xǐhuān fēizhōu de qìhòu	I like the African climate
Yàzhōu shì yīgè dàlù	Asia is a continent

TRAINING TIME

Wǒ shuō xībānyá yǔ	I speak Spanish
Qìyóu shì wǒ de chē	The petrol is for my car
Yī liàng qìchē yǒu yīgè fāngxiàngpán	A car has a steering wheel
Zhè shì yī zhāng miǎnfèi ménpiào	It is a free ticket
Qù Stratford de bāshì zài nǎlǐ?	Where is the bus to Stratford?
Zhè wèi nǚshì shuō fǎyǔ	The woman speaks French
Gǎibiàn nǐ de qìchē lúntāi!	Change the tire of your car!
Yóukè cānguān bówùguǎn	The tourists visit the museum
Tāmen shì gōnggòng qìchē de chéngkè	They are the passengers of the bus
Nǐ bù qù kàn wǒ	You do not visit me
Nǐ yǒu hùzhào ma?	Do you have your passport?
Yóukè yǒu yīgè lán sè de shǒutí xiāng	The tourist has a blue suitcase
Yìdàlì rén zài wǎncān shí hē pútáojiǔ	Italians drink wine with their dinner
Wǒmen shì chéngkè	We are the passengers
Tā zài kāichē	He is driving
Nǐ de lǚchéng cóng zhèlǐ kāishǐ	Your journey starts here

Hùshì zhèngzài tíngchē	The nurse is parking her car
Tā fāshēng chēhuò	He has a car accident
Yóuyú jiāotōng, wǒmen chídàole	We were late because of the traffic
Cóng shénme shíhòu kāichē?	Since when do we drive?
Nàme, wǒmen jiāsù háishì fàng màn?	So, do we speed up or slow down?
Nǐ bùzài zhège shìjiè shàng	You are not in this world
Wǒ hěn kuài	I am fast
Zhè shì zhídá lièchē ma?	Is it a direct train?
Zài zhèlǐ jiāsù shì wéixiǎn de	It is dangerous to accelerate here
Dāng dēngguāng chéng chéngsè shí, nǐ bìxū fàng màn sùdù	You have to slow down when the light is orange
Wǒmen yīzhí hěn kuài	We have been fast

STORY MODE

CHINESE

Chun: "Nǐ zài yòng qìchē yàoshi zuò shénme?"

Bo: "Wǒ xiǎng gǎibiàn qìchē de lúntāi bìng jiǎnchá fādòngjī. Wǒ gēgē hé wǒ jiàng zài jīntiān wǎn xiē shíhòu qiánwǎng mǎsài pǔluōwàngsī jīchǎng."

Chun: "Nǐ yào qù nǎ'er?"

Bo: "Kǎ ēn."

Chun: "Nǐ wèishéme yào fēi? Zhǐ xūyào jǐ gè xiǎoshí de chēchéng. Chúfēi nǐ zhǐ xiǎng ránshāo fàláng, fǒuzé gōnglù yùnshū piányí."

Bo: "Wǒ zhīdào zhè yīdiǎn. Lǐxiǎng qíngkuàng xià, wǒ běnlái xǐhuān qí zìxíngchē huò gōnggòng qìchē, dàn zǎoshang de jiāotōng fēicháng kùnnán. Wǒ xīwàng zǎodiǎn dàodá. Cǐwài, hé qítā chéngkè yīyàng, wǒ mǎi dé qǐ."

Chun: "Wǒ rènwéi zhè shì làngfèi qián. Wǒ céngjīng cóng yìdàlì fēi wǎng lúndūn, dàn wǒ yǒngyuǎn bù huì zài zhèyàng de jùlí shàng huā zhème duō qián. Rúguǒ zhè shì nǐ xǐhuān de sùdù hé jiàgé, wǒ huì jiànyì huǒchē."

Bo: "Wǒ zhēn de hěn xiǎng jiēshòu nǐ de jiànyì, tèbié shì zài kǎoshì zhīhòu, nǐ zǒng shì jiāofù, wǒ gèrén xǐhuān huǒchē. Yóuqí shì ōuzhōu zhī xīng lièchē."

ENGLISH

Chun: "What are you doing with the car keys?"

Bo: "I want to change the tires of the car and examine the engine. My brother and I will go to Marseille Provence airport later today."

Chun: "Where are you travelling to?"

Bo: "Caen."

Chun: "Why do you need a flight? it will take only a few hours of driving. Transportation is cheaper by road than by plane, unless you just want to burn francs."

Bo: "I know this. Ideally, I would have liked to go on my bike, or bus, but the traffic is very difficult in the morning, and I would like to get there sooner. In addition, like other passengers on board, I can afford it."

Chun: "I think it's a waste of money. I used to fly to London from Italy frequently, but I would never have spent such an amount at a distance like this. If it's the speed and the price you prefer, I'll say go with the trains."

Bo: "I'm tempted not to take your advice after what happened with the exams, but you've always delivered, and I personally love trains. Especially the Eurostar trains."

Chapter 15

ECONOMICS

Keywords: Shǒuxí, tóuzī, yínháng, shìchǎng, gōngzī, jiùyè, xiànjīn, xiāofèi zhě, gōngrén, gōngchǎng.

Xiànjīn	Cash
Marko shì wǒmen de jīnglǐ	Marko is our manager
Tāmen shì shǒugōng gōngrén	They came as manual workers
Tā cóngshì lǚyóu yè	She works in tourism
Zhèxiē chē hěn jīngjì	These cars are economical
Duōshǎo qián?	What is the price?
Tā yǒu yīgè yínháng zhànghù	She has a bank account
Yú lèi xiāofèi yīrán qiángjìng	Fish consumption is still strong
Wǒmen cóng zhè cì jīnglì zhōng huò yì	We have profited from this experience
Zhè duì zuòjiā lái shuō shì yīgè hěn hǎo de jiǎnglì	That is a good prize for the writer
Wǒmen zhèlǐ méiyǒu nǚgōng	We do not have female workers here
Zhè jiā gōngsī zhuànle hěnduō qián	This company makes a lot of profit
Zhè shì gāi hángyè de zhòngyào hétóng	It is an important contract for that industry
Cǐ chǎnpǐn kě gōng chūshòu	This product is for sale
Zhè wèi xiānshēng yǒu hěnduō zījīn	This gentleman has a lot of capital
Wǒ de shūshu shì yī míng gùyuán	My uncle is an employee
Gōngrénmen zhèngzài zhìzào qìchē	The workers are going to build cars

Zhè shì zhǎo nǐ de língqián	Here is your change
Wǒ xiě hétóng	I write the contracts
Xiāoshòu é zhèngzài zēngjiā	Sales are increasing
Kuàilè de yuángōng shì yōuxiù de yuángōng	Happy employees are good employees
Suǒyǒu zhèxiē hángyè xiànzài yǐjīng xiāoshīle	All those industries have now disappeared
Zhèxiē nǚshì shì mófàn yuángōng	These ladies are model employees
Wǒmen yào zhuànqián	We are going to make profits
Wǒ xiǎng zū yī liàng chē	I would like to rent a car
Tā shōu dào liǎo bùcuò de xīnshuǐ	She receives a good salary
Wǒmen bìxū jiǎnshǎo xiāofèi	We must consume less

TRAINING TIME

Gōngyè shèjì	Industrial design
Bālí zhèngquàn jiāoyì suǒ	The Paris Stock Exchange
Wǒmen yǒu yīgè fángjiān chūzū	We have one room for rent
Lìrùn hěn xiǎo	The profit is small
Tā zài zhèngquàn jiāoyì suǒ gōngzuò	He works at the stock exchange
Tā de gōngzī shì wǒ de liǎng bèi	He earns twice my salary
Zhè shì yīgè gōngyè chéngshì	This is an industrial city
Wǒmen yào zhuànqián	We are going to make profits
Gōngzī zài yuèdǐ zhīfù	Salaries are paid at the end of the month
Hǎochù hěn xiǎo	The benefit is small
Wǒ de xìnyòngkǎ zài nǎlǐ?	Where is my credit card?

Wǒ zhǎodàole yī fèn gōngzuò	I have a job for you
Gōnghuì shì quánguó xìng de	The union is national
Tā zhèngzài zhāo rén	She is hiring people
Tā yǒu jùdà de cáifù	She has an enormous fortune
Lǎobǎn gùyōng gōngrén	The boss employs workers
Jìngzhēng jì bù chúncuì yě bù wánměi	Competition is neither pure nor perfect
Gōnghuì zhīdào zhè yīdiǎn	The unions know it
Tā yǒusān bǐ dàikuǎn zhīfù tā de fángzi	She has three loans to pay for her house
Wǒmen tèbié zài chūntiān gùyòng	We hire especially in the spring
Lǎobǎn shì gōngchǎng de lǎobǎn	The boss is the owner of the factory
Jiàgé zài zhàngdān shàng	The price is on the bill
Zhè shì wǒ de dìngdān	It is my order
Nàxiē xiāofèi zhě hěn fùyǒu	Those consumers are rich
Nǐ kàn shìchǎng	You see the markets

TRAINING TIME

Zhè shì yī xiàng zhòngyào de tóuzī	It is an important investment
Zhè jiā gōngsī de guǎnlǐ hěn kùnnán	The management of this company is difficult
Shìchǎng yāoqiú gèng duō	The market asks for more
Xiāofèi zhě shì wángdào	The consumer is king

Rán'ér, tāmen de zhǔrén shì měiguó rén	Nevertheless, their owner is American
Nǐ de dōngxī zài nǎlǐ?	Where are your things?
Fúwù bāokuò zài nèi	Service is included
Wǒ bìxū jiēshòu tā de tíyì	I have to accept his offer
Zhè shì tāmen de guǎnggào	It is in their advertising
Tóuzī zhèngzài xiàjiàng	The investments are falling
Kāfēi de shēngchǎn zài zhège guójiā hěn zhòngyào	The production of coffee is important in this country
Tā zhèngzài chūchāi	She is making a business trip
Tā zhèngzài wèi fàguó de mìmì fúwù gōngzuò	She is working for the French secret services
Zhè shì yīgè hěn hǎo de xiéyì	It is a good deal
Zhè xiàng shēngchǎn xūyào sān dào sì gè yuè	That production takes between three and four months
Ménpiào huāfèi yībǎi ōuyuán	The ticket costs a hundred euros
Zhè jiàn wàitào jiàgé ángguì dàn jiàgé shíhuì	The coat is expensive but it is worth its price
Tā dí quèqiè jiàzhí shì duōshǎo?	What is its exact value?
Wǒ de kǒudài li yǒu wǔ kuài qián	I have five dollars in my pocket
Zhè shì yīgè kě'ài de hēisè pígé qiánbāo	It is a lovely black leather purse
Zhè shì yī měiyuán	This is a dollar
Dànshì, tā tài guìle	However, it is too expensive
Zhè xūyào shíjiān, dàn jiéguǒ zhídé fùchū nǔlì	It takes time, but the results are worth the effort

Wǒ de xié hěn guì	My shoes are expensive
Nǚshì dì màozi hěn guì	The women's hats are expensive
Nǐ yǒu gèng piányí de qìchē ma?	Do you have cheaper cars?
Tā yǒu bāshí ōuyuán	She has eighty euros
Yǒuyì shì yīgè jiānshí de jiàzhí	Friendship is a solid value
Wǒ de kǒudài li yǒu shíyī ōuyuán	I have eleven euros in my pocket
Nà zhāng zhàopiàn jiàzhí shù bǎi wàn	That photo is worth millions
Zuǒ lán shì kōng de	The left column is empty
Tā jīngyíng yījiā gōngsī	He runs a company
Wǒ de táng xiōng shīyèle	My cousin is unemployed
Zhège bùmén zhèngzài zēngzhǎng	This sector is growing
Nǐ yǒu xiànjīn ma?	Do you have cash?
Zhège bǐlǜ gāo yú quánguó shuìlǜ	This rate is above the national rate
Wǒ yǒu shí jiā bùtóng de gōngsī	I have ten different companies
Gāi biǎo bāohán sì liè hé bā háng	The table contains four columns and eight rows

STORY MODE

CHINESE

Mr. Harcourt: "Zhè shì nǐ de qián, bǎochí biànhuà."

Ming: "Xièxiè nǐ, hā kǎo tè xiānshēng, zhè shì fēicháng kāngkǎi de, dànshì

tā chāochūle wǒ de chūshǐ chéngběn. "

Mr. Harcourt: "Bùyào dǎrǎo, wǒ xǐhuān nǐ de gōngzuò, wǒ kàn dào nǐ de chē zài wàimiàn. Zài zhè zhǒng jīngjì huánjìng zhōng, wǒmen xūyào dédào suǒyǒu de bāngzhù. Bǎ tā xiǎngxiàng chéngyī bǐ xiǎo é dàikuǎn."

Ming: "Wǒ fēicháng gǎnjī, xiānshēng, wǒ zhīdào zhè duì nǐ lái shuō shì yī xiàng zhòngyào de tóuzī, wǒ bìxū jǐn wǒ suǒ néng."

Mr. Harcourt: "Wǒ zhīdào, zhè jiùshì wèishéme wǒ yǒu lìng yī fèn gōngzuò, rúguǒ nǐ yǒu xìngqù dehuà."

Ming: "Lǎobǎn de rènhé shìqíng."

Mr. Harcourt: "Suǒyǒu xìjié dōu zài zhè fèn wénjiàn zhōng: Fángjiān shì chūzū de, chǎnpǐn shì chūshòu di, jiàgé zài fāpiào shàng shuōmíng, wǒ zhǐshì gěi nǐ liǎo rúguǒ nǐ jiēshòu zhè fèn gōngzuò nǐ jiāng huòdé de gōngzī."

Ming: "Xièxiè nǐ de jiànyì, dàn zhè duì wǒ lái shuō tài guòfènle, érqiě wǒ bù quèdìng wǒ néng chǔlǐ sān fèn gōngzuò, dàn wǒ yǒu yīgè jīngcháng shīyè de táng xiōng. Tā mùqián zhèngzài chéng fùjìn de yījiā gōngchǎng gōngzuò."

ENGLISH

Mr. Harcourt: "Here is your money, keep the change."

Ming: "Thank you, Mr. Harcourt, it's quite generous, but it exceeds my initial cost."

Mr. Harcourt: "Do not bother, I loved your job and I saw your car outside, in this economy, we need all the help we can, consider it a small loan."

Ming: "I am very grateful, sir, I knew it was an important investment for you and I had to give the best of myself."

Mr. Harcourt: "I know, that's why I have another job for you, if you're interested."

Ming: "Everything for the boss, I'm all ears."

Mr. Harcourt: "All the details are in this file: the room is for rent, the product is for sale and the prices are indicated on the invoice, what I just paid you is the salary offered if you accept work."

Ming: "Thank you for the offer sir, but it's too much for me, and I'm not sure I can handle three jobs, but I have a cousin who is often unemployed. He is currently working in a factory near the city."

Chapter 16

SPORTS

Keywords: Bàgōng, qiú, tǐyùchǎng, yùndòng, shèbèi, jiànshēnfáng, guànjūn, yùnxíng, qiúyuán, yóuyǒng, gāo'ěrfū, jiàoliàn, mùbiāo, xiūxián.

Qiú	The ball
Wánjiā; xuǎnshǒu	The player
Mùbiāo	The goal
Yùndòng	The sport
Tuánduì	The teams
Yīgè tuánduì	A team
Yī liàng zìxíngchē	A bicycle
Wǔdǎo	Dance
Wǒ jí qiúle	I hit the ball
Jīn wǎn bùyào qù tǐyùchǎng	Do not go to the stadium tonight
Tāmen xǐhuān pǎobù	They like running
Tā dǎ hóng qiú	She hits the red ball
Wǒ xǐhuān yùndòng	I like sports
Wǒmen de nǚ'ér shàng wǔdǎo kè	Our daughter takes dance lessons
Wǒ zài tǐyùchǎng	I am at the stadium
Zhè shì yīgè qiú	It is a ball
Tā ràng wǒmen yóuyǒng	He lets us swim
Tā zài tī zúqiú	He is playing soccer
Wǒ de péngyǒu ràng tā de érzi pǎole	My friend lets her son run
Tā shì fàguó de guànjūn	He is champion of France
Zìxíngchē shì xīn de	The bicycles are new
Suǒyǒu de qiúyuán dōu zài nàlǐ	All the players were there
Zhè zhī qiú duì yǒu hěn hǎo de qiúyuán	This team has good players
Wǒ gēge zhèngzài shǐyòng nà liàng zìxíngchē	My brother is using that bicycle

Tā shì yīgè zāogāo de qiúyuán ma?	Is he a bad player?
Ming zhīdào rúhé yóuyǒng	Ming knows how to swim

TRAINING TIME

Tā de fùqīn bù dǎ gāo'ěrfū qiú	His father does not play golf
Tāmen zài tǐyùguǎn wánshuǎ	They play in the gymnasium
Bǐsài hěn jiǎndān	The match has been easy
Nǐ bù dǎ wǎngqiú?	You do not play tennis?
Wǒmen shūle bǐsài	We lost the competition
Nǐ de àihào shì shénme?	What are your hobbies?
Zhè shì yī chǎng zúqiú bǐsài	It is a football
Kàn niǎo shì yīgè hěn hǎo de àihào	Watching birds is a nice hobby
Tā yǒu qiú	He has the ball
Tāmen zài jiànshēnfáng ma?	Are they at the gym?
Tā dǎ gāo'ěrfū qiú	He plays golf
Wǒ qù sànbùle	I went for a walk
Wǒ bù kěnéng dǎbài	I am impossible to beat
Tāmen dǎ jìn yī qiú	They have scored a goal
Wǒ bùdé bù diū qiú	I have to throw the ball
Wǒ shì nǐ de jiàoliàn	I am your coach
Hǎo qiú	Nice shot

STORY MODE

CHINESE

Bo: "Nǐ hǎo kūn tīng, jīntiān nǐ hǎo ma, nǐ kàn qǐlái hěn huópō."

Shen: "Bùcuò. Wǒ duì zhè chǎng bǐsài gǎndào fēicháng xīngfèn. Wǒ děng bùjí tā kāishǐle. Nǐ ne?"

Bo: "Wǒ duì zúqiú yī wú suǒ zhī. Wǒ zhǐ zhīdào méi xī hé luōnà'ěrduō. Wǒ wéiyī kěyǐ cānjiā de qiúsài jiùshì dǎ gāo'ěrfū, jīntiān wǒ zhǐshì wèile huòdé éwài de àihào."

Shen: "Yǒuyìsi. Shùnbiàn wèn yīxià, nǐ zěnme bǎochí shēncái? Wǒ cónglái méiyǒu zài jiànshēnfáng jiànguò nǐ."

Bo: "Zhè hěn róngyì. Zhèxiē tiān, wǒ qí zìxíngchē ér bùshì kāichē shàngxué. Wǒ yóuyǒng, pǎobù, tiānqì hǎo de shíhòu wǒ huì zǒulù."

Shen: "Hǎo ba, rúguǒ yǒurén wèn, fàguó duì xiànzài shì shìjiè zúqiú guànjūn. Zhège tǐyùchǎng jiào ān lián tǐyùchǎng.

Cǐwài, bǐsài jiàng zài bàirén mìníhēi hé duōtèméngdé zhī jiān jǔxíng. Wǒmen jiāng zhīchí bàirén. Tāmen shì hóng rén."

Bo: "Lìng yī zhī duìwǔ zěnme yàng?"

Shen: "Yóuyú tāmen de xīn jiàoliàn hé tāmen de xīn zhànshù, tāmen jiāng hěn nán bèi jíbài."...

ENGLISH

Bo: "Hello Shen, how are you today, you look very lively."

Shen: "Not bad actually, I'm very excited for the match, I can not wait for the kickoff, and you?"

Bo: "In truth, I do not know anything about football, I only know Messi and Ronaldo, the only ball sport I can play is golf, and I'm just trying to get an extra hobby by coming here today."

Shen: "It's surprising, I never would have guessed, by the way, how are you in shape? I've never seen you at the gym."

Bo: "It's easy, these days, I go to school with my bike instead of my car, I swim, I run and I walk in the evening when the weather is nice."

Shen: "I see, if anyone asks, France is the current world champion of football, and this stadium is called the Allianz Arena.

In addition, the match takes place between two teams, Bayern Munich and Borussia Dortmund. We will support Bayern. They are the reds."

Bo: "Is the other team good?"

Shen: "They are really hard to beat, thanks to their new coach and their new tactics."

Chapter 17

SPIRITUALITY

Keywords: Jīngshén, zhòng shén, guǐhún.

Zhéxué	The philosophy
Jiàotáng	The churches
Shénshèng de línghún	The holy spirit
Shén	Gods
Tiān nǎ!	My God!
Sǐ hòu yǒu shēngmìng ma?	Is there life after death?
Nǐ yǒu yīgè měilì de xīnlíng	You have a beautiful mind
Tā méiyǒu zōngjiào xìnyǎng	She has no religion
Wǒ yǒu xìnxīn	I had faith
Tā de línghún zài tiāntáng	Her soul is in heaven
Nǐ shìgè tiānshǐ	You are an angel
Gǎnxiè shàngdì	Thank God
Méi rén néng bìmiǎn sǐwáng	Nobody can avoid death
Wǒ xiāngxìn nǐ	I have faith in you
Nǐ xiāngxìn shénme zōngjiào?	What is your religion?
Tā bù qiánchéng	He is not religious
Wǒmen kěyǐ qídài shénme?	What can we hope for?
Tiāntáng zài nǎlǐ?	Where is heaven?
Tā huì xià dìyù	He is going to hell
Tā xiāngxìn guǐhún	She believes in ghosts
Zhè shì yīgè shénshèng de duìxiàng	It is a holy object
Tā huì xià dìyù	She will go to hell
Zhè shì jiàotáng zhī chéng	It is the city of churches
Zhè shì yīgè kě'ài de jiàotáng	It is a lovely church

STORY MODE

CHINESE

"Yuàn tā de línghún ānxí ba." Chuánjiào shì shuōdao.

"Nǐ kàn dào wǒ qīn'ài de xiōngdìmen, wúlùn duōme cōngmíng, jiānqiáng, yīngjùn huò fùyǒu, shìshí shì, dāng wǒmen de shíjiān dàolái shí, wǒmen dōu jiāng miànlín sǐwáng.

Nàme zhàn zhǔdǎo dìwèi de wèntí jiù biàn chéngle "nǐ rènwéi nǐ sǐ hòu huì zài nǎlǐ jiéshù?" Duìyú wǒmen zhèxiē shǔyú jīdūjiào de rén, wǒmen xiāngxìn wǒmen de zhǔ hé jiù zhǔ yēsū jīdū de ēndiǎn.

Zhǐyào wǒmen tǐxiàn tā de tiānshàng jiàzhíguān, bìng zūnshǒu tā fùqīn, wǒmen de fùqīn, yēhéhuá de jiè mìng, wǒmen xiāngxìn tā huì zài wǒmen sǐ hòu jiāng wǒmen dài dào tiāntáng. Qítā rén xiāngxìn zhuǎnshì, huòzhě shuō wǒmen sǐ hòu huì zài lìng yīgè shēntǐ zhōng huíguī zhège shìjiè de xiǎngfǎ."

"Wǒ de shàngdì, lú kǎ sī, ràng wǒmen zūnzhòng sǐzhě, tíngzhǐ wán nǐ de shǒujī, tīng tīng chuánjiào shì dì shēngyīn!" Lǎo tàitài chénmò de shuōdao.

"Ó, wǎ lái lǐ yǎ fūrén, wǒ quèdìng rúguǒ wǒ jiǎnchále yīxiē diànzǐ yóujiàn, sǐzhě de guǐhún bù huì dǎrǎo wǒ." Lú kǎ sī huídá shuō, tā de yǎnjīng réngrán kǎ zài diànhuà píngmù shàng.

"Nǐ shuō de xiàng gè yì jiàotú." Wǎ lái lǐ yà fūrén shuō.

ENGLISH

"May his soul rest in perfect peace." said the preacher.

"You see my dear brothers, no matter how intelligent, strong, handsome or rich, the truth is that we will all face death when our time comes.

The doMeint question then becomes 'Where do you think you will end up after death?' For those of us who belong to the Christian religion, we trust in the grace of our Lord and Savior, Jesus Christ.

We believe he will lead us to heaven when we die, as long as we embody his heavenly values, and keep the commandments of his father, our father, Jehovah. Others believe in reincarnation, or the idea that we return to this world in another body after death."

"My God, Lucas, let's respect the dead, stop playing with your phone and listen to the preacher!" said the elderly lady in a silent tone.

"Oh, Madame Valeria, I'm sure the deceased's ghost would not bother me if I checked some emails." Lucas replied, his eyes still stuck on the phone screen.

"You speak like a pagan." said Madame Valeria.

Chapter 18

FLIRTING

Keywords: Kě'ài, wēnnuǎn, wàichū, mótè, xǐhuān.

Nǐ jiào shénme míngzì?	What's your name?
Wǒ xǐhuān nǐ	I like you
Nǐ shì mótè ér ma?	Are you a model?
Nǐ jīngcháng lái zhè'er ma?	You come here often?
Nǐ xiǎng yào hé wǒ yīqǐ tiàowǔ ma?	Do you want to dance with me?
Wǒmen yào dào nǐ dì dìfāng háishì wǒ dì dìfāng?	Are we going to your place or mine?
Nǐ hǎo! Báimǎ wángzǐ	Hello! Prince Charming
Nǐ xiǎng hé wǒ yīqǐ chūqù ma?	Do you want to go out with me?
Wǒ néng qǐng nǐ hē yībēi me?	Can I buy you a drink?
Nǐ xiǎng qù hē yībēi ma?	Would you like to go get a drink?
Nǐ hǎo, měinǚ	Hello beautiful
Tā zài zhèlǐ hěn rè, háishì jǐnjǐn shì nǐ?	Is it hot in here, or is that just you?

STORY MODE

CHINESE

Ma: "Wǒ xǐhuān zhè jiàn yīfú zài nǐ shēnshang de yàngzi, nǐ shì mótè ma?"

Liz: "Bùxìng de shì, bù, dàn rúguǒ nǐ yuànyì, wǒ kěyǐ chéngwéi yī míng mótè."

Ma: "Wǒ xiǎng wǒ yǐjīng xǐhuān nǐle."

Liz: "Xièxiè, wǒ xiǎng wǒ yě xǐhuān nǐ."

Ma: "Nà hěn hǎo, wǒ kěyǐ gěi nǐ mǎi yībēi yǐnliào ma?"

Liz: "Dāngrán, qù ba."

Dìnggòu liǎng bēi lóng shé lán jiǔ

Ma: "Nǐ jiào shénme míngzì?"

Liz: "Liz"

Ma: "Hěn gāoxìng jiàn dào nǐ yīlìshābái, nǐ jīngcháng lái zhèlǐ ma?"

Liz: "Bùshì zhēn de, tā zhēn de shì méi lì shā huò méi lì sāng dé, dàn wǒ xiǎng, wǒ hěn hǎo."

Ma: "Yuánliàng wǒ de cuòwù...... Yěxǔ wǒ zhǐshì bèi nǐ měilì de xiàoróng nòng hútúle, nǐ xiǎng hé wǒ yīqǐ tiàowǔ ma?"

Liz: "Wǒ yuànyì, dàn wǒ bùshì yīgè wěidà de wǔ zhě, xīhā bùshì zhēnzhèng de yīnyuè, wǒ xǐhuān diànzǐ yīnyuè."

ENGLISH

Ma: "I like the way this dress looks on you, are you a model?"

Liz: "Unfortunately, no, but I can be a model if you prefer."

Ma: "I think I already like you."

Liz: "Thanks, I think I like you too."

Ma: "That's great, can I buy you a drink then?"

Liz: "Of course, go for it."

* Two glasses of tequila are ordered *

Ma: "So what's your name?"

Liz: "Liz."

Ma: "Nice to meet you Elizabeth, do you come here often?"

Liz: "Not really, and its really Melissa or Melissande in full, but I'm fine, I guess."

Ma: "Forgive my mistake ... Maybe I was just confused by your beautiful smile, do you want to dance with me Liz?"

Liz: "I would, but I'm not really a great dancer, and hip hop is not really my kind of music, I like electronic music."

Chapter 19

IDIOMS

Keywords: Jīdàn, zǒng shì, bǎocún, shìwù, bìxū, tāmen, fūfù, qù, bù, jiùyuán, měi gè, shì, yǒu, zài, chūshēng, xūyào.

Méiyǒu shé me kěyǐ tiānchángdìjiǔ	Nothing lasts forever
Láidé biàndang qù dé kuài	Easy come, easy go
Shènzhì méiyǒu shāng dào wǒ	Did not even hurt me
Yǎn bùjiàn, xīn bù fán	Out of sight, out of mind
Lìng yībiān de cǎo zǒng shì gèng lǜ	The grass is always greener on the other side
Tā jiāng yòng shǒuzhǐ zài bízi lǐ yíngdé shènglì	She is going to win with her fingers in her nose
Zhège háizi bù zhīdào rúhé zhuā zhù tā de shétou	This child does not know how to hold his tongue
Méiyǒu tài duō de jiǔ, zhǐ qǐng yīdī	Not too much wine, only a drop please
Zàicì, guānbì	On again, Off again
Zài luómǎ zuò dào rùxiāngsuísú	When in Rome, do as the Romans do
Yīqiè měihǎo de shìqíng dūhuì jiéshù	All good things come to an end
Zǎoqǐ de niǎo er yǒu chóng chī	The early bird catches the worm
Qǐgài bùnéng xuǎnzé	Beggars cant be choosers
Yù sù zé bù dá	Haste makes waste
Nǐ zhǐ huó yīcì	You only live once
Qiángbì yǒu ěrduǒ	The walls have ears
Duì měi yīgè tā zìjǐ	To each his own
Zài wǒ de shītǐ shàng	Over my dead body
Nǐ bùnéng chī nǐ de dàngāo yě méiyǒu	You can't eat your cake and have it too

TRAINING TIME

STORY MODE

CHINESE

Chun: "Hēi."

Mei: "Hēi, nǐ jīntiānguò dé zěnme yàng?"

Chun: "Zhè hěn hǎo. Nǐ zàidú shénme?"

Mei: "Zhè shì wǒ zuì xǐhuān de shí dà chéngyǔ lièbiǎo, méiyǒu tèbié dìngdān."

"Méiyǒu rén gàosù yīgè mángrén, xià yǔle."

"Dāng māo xímiè shí shǔbiāo huì bòfàng."

"Zài yángguāng míngmèi de shíhòu zhìzuò gāncǎo."

"Nàxiē xūyào yīng'ér de rén bù huì chuānzhuó kùzi shuìjiào."

"Yúchǔn de cāngyíng bèi mái zài tǐnèi."

"Zǎoqǐ, zǎoqǐ."

"Zài fàguó shí, tā jiù xiàng fàguó rén yīyàng."

"Qiānzǎinánféng de."

"Xīwàng shì yǒnghéng de."

"Suǒyǒu hǎoshì dūhuì jiéshù."

ENGLISH

Chun: "Hi."

Mei: "Hi, how's your day?"

Chun: "Pretty good. What are you reading?"

Mei: "This is a list of my top ten favorite idioms, in no particular order."

1. "Nobody tells a blind man that it's raining."

2. "When the cat is out, the mice will play."

3. "Make hay while the sun is shining."

4. "Those who need babies, will not go to sleep with socks."

5. "Stupid flies are buried with the corpse."

6. "At the beginning of the bed, early to go up."

7. "When in France, do as the French do."

8. "We only live once."

9. "Hope is eternal."

10. "All good things come to an end."

END OF BOOK TWO

For the complete experience, please get the other books in the series.

#THESIMPLEWAYTOLEARNSPANISH

For updates on the next book, or if you'd just like to discuss this one, we're available on twitter as the @BadCreativ3, and on facebook www.facebook.com/BadCreativ3

OTHER BADCREATIVE BOOKS

The Simple Way To Learn French

The Simple Way To Learn Spanish

The Simple Way To Learn Portoguese

Thank you for reading, and we hope you would be kind enough to give us a review on our amazon page.

www.ingramcontent.com/pod-product-compliance
Lightning Source LLC
Chambersburg PA
CBHW052109110526
44592CB00013B/1546